SUPER
SHY

SHY BY DESIGN: 12 Timeless Principles to Quietly Stand Out
Copyright © 2024 by Michael Thompson
Korean translation rights arranged with Rowman & Littlefield, an imprint of
Bloomsbury Publishing Plc.
through ALICE Agency, Seoul.
Korean translation copyright © 2025 by SEEP

이 책의 한국어판 저작권은 앨리스에이전시를 통한 저작권사와 독점 계약으로 (주)시프에 있습니다. 저작권법에 의해 한국 내에서 보호를 받는 저작물이므로 무단 전재와 무단 복제를 금합니다.

슈퍼 샤이
조용히 빛나는 12가지 불변의 법칙

초판 1쇄 발행 2025년 6월 30일　　지은이 마이클 톰슨
　　　　　　　　　　　　　　　　옮긴이 안솔비

　　　　　　　　　　　　　　　　펴낸이 김진규
　　　　　　　　　　　　　　　　경영지원 정동윤
　　　　　　　　　　　　　　　　책임편집 김민영

펴낸곳 (주)시프 | 출판등록 2021년 2월 15일 (제2021-000035호)
주소 경기도 고양시 덕양구 권율대로668 티오피클래식 209-2호
전화 070-7576-1412
팩스 0303-3448-3388
이메일 seepbooks@naver.com

ISBN 979-11-92421-48-3 (13190)

• 이 책은 저작권법에 따라 보호를 받는 저작물이므로 무단 전재와 무단 복제를 금합니다.
• 이 책의 전부 또는 일부를 이용하려면 반드시 저자와 ㈜시프의 동의를 받아야 합니다.

조용히 빛나는 12가지 불변의 법칙

SUPER SHY
슈퍼 샤이

마이클 톰슨 지음 × 안솔비 옮김

시프

루크와 리암에게,
너희의 '생각하는 뇌'와 목 없는 기린 그림을 영원히 볼 수 있기를 바라.

아들 리암이 1학년을 마쳤을 때, 아내 라이아와 나는 학부모 상담을 위해 리암의 선생님과 마주 앉았다. 선생님은 매 학년 마지막 주에 가장 고마운 친구 한 명의 이름을 적게 한다고 했다. 리암은 수줍음 많은 성격에 언어 장애도 있었기 때문에 선생님이 리암과 같은 내성적인 아이들의 이름이 가장 많이 언급되었다고 했을 때 깜짝 놀랄 수밖에 없었다.

"매년 비슷한 결과가 나오더라고요."

선생님은 친구들이 리암에 대해 적은 칭찬의 말을 보여주며 말했다.

"항상 조용한 아이가 뽑혀요. 진짜 인기 있는 아이는 어떤 아이인지 궁금하지 않으세요?"

어릴 때부터 나는 수줍음이 많았고 심각한 말더듬에,

사회적 불안까지 겪으며 머릿속은 부정적인 생각으로 가득 찼다. 당연히 꿈과 희망도 없었다. 친구들뿐만 아니라 몇몇 선생님까지 내 말더듬증을 놀리는 지경에 이르자 안전하게 구석에 숨는 게 낫겠다는 방어기제까지 심해졌다.

대학을 졸업한 후 지금이 아니면 내 목소리를 영원히 내지 못할 것 같아 내가 가장 두려워했던 직업을 선택했다. 바로 영업이었다. 내가 영업일에 뛰어든 건, 바보처럼 보이는 잠깐의 고통만 참으면 장기적으로는 덜 바보처럼 보일지도 모른다는 희망도 있었다. 돌이켜보면 나는 두 가지 목표를 모두 이뤘다. 물론 내 전화를 끊어 버리는 고객이나 나를 조롱하는 동료도 있었다. 수없는 방해에도 불구하고 주변의 소음을 차단해 버리자 엄청난 일이 일어났다. 결국 나는 영업에서 뛰어난 성과를 낼 수 있었다.

하지만 그건 내가 자신감 있고 카리스마 넘치는 사람이 되기 위해 노력했기 때문이 아니었다. 그들과 같은 경기를 뛰면 나는 절대 이기지 못할 거라는 걸 알았다. 그래서 나만의 경기장을 만들었다. 그리고 나는 두 가지 사실을 깨달았다. 스스로 약점이라고 생각하는 특성에는 항상 장점이 존재하며, 나는 다른 사람의 성공을 돕기 위해 최선을 다할 때 성취감을 얻는다는 것이었다.

이 깨달음이 모든 것을 바꾸었다. 영업직에서 일한 지 1년이 다 되어갈 때쯤 나는 나만의 확고한 원칙을 세웠으며, 전체 영업 사원 중에서 상위 10위 안에 들었고, 관리직으로 승진하면서 팀을 이끌고 신입 사원을 교육하는 일까지 맡게 되었다.

코칭과 커뮤니케이션, 기업가 정신 분야에서 경력을 쌓은 후 전 세계의 교실과 이사회실을 누비고 다녔다. 나는 미국 기업에서 전통적인 리더 역할도 해봤고, 중앙아메리카에서 사업가로서 새로운 출발을 했다가 모든 걸 잃는 경험도 해보았다. 현재 나는 스페인 바르셀로나 외곽의 작은 해안 마을에서 석사 과정을 밟고 있는 학생들에게 리더십과 의사소통 기술을 가르치며, 커뮤니케이션 자문 위원으로도 활동하고 있다. 또한 비즈니스에 관한 글을 쓰고, 경험 많은 경영진과 사업가들이 자신의 이야기를 공유하고 영향력을 키울 수 있도록 돕고 있다.

어떤 사람은 자기가 원하는 인생을 살기 위해 강점에 주목한다. 하지만 나는 정반대의 길을 택했다. 스물세 살까지만 해도 고통 속에서 허우적거리느라 내 안의 숨은 강점을 찾아볼 시도조차 두려워했다. 행복을 좇는 대신 내 상처에 깊게 파고든 결과, 한 번도 상상해 보지 못한 새로운 내 모습을 발견했다.

이 책의 목적은 나처럼 영업을 해보라고 설득하는 게 아니다. 오히려 정반대다. 이 책에는 소외감을 느끼던 내가 수줍고 조용한 성향을 그대로 가진 채 다른 사람을 이끌게 된 원칙들이 담겨 있다. 이 원칙들은 세상에 나를 내놓기 위한 기준점 역할을 해주었지만, 이 책의 주요 목표는 당신만의 방법을 찾는 데 도움을 주는 것이다.

1부에서는 영업일을 하면서 나에게 큰 힘을 실어준 깨달음을 이야기한다. 자신의 안전지대를 조금씩 확장할 수 있는 실천 가능한 방법을 탐구하고, 대화의 기술을 습득하기 위한 기반을 쌓을 것이다. 2부에서는 경력을 키우고 인생에 더 큰 의미를 부여하기 위해서 서로에게 의지하는 인맥을 만들 수 있는 검증된 방법과 체계를 소개한다. 양질의 관계를 최대한 활용하는 것만큼 효과적인 비법은 없다. 올바른 사람에게 둘러싸여 있다면 인생이 즐거울 뿐만 아니라 역경을 만나도 덜 지친다. 3부에서는 자신의 목소리를 내고 원하는 대로 영향력을 펼치는 방법에 대해 배운다. 또한 내가 배운 것을 사람들에게 공유하고 나만의 이야기를 만들어감으로써 앞으로 나아갈 수 있는 용기를 키울 것이다.

나는 오랫동안 나만의 이야기가 없다고 생각했고, 사람들은 내 말에 관심이 없을 거라고 확신했다. 하지만 그건 잘못된 생각이었다. 아끼는 사람들의 인생에 변화를 만들어주기 위해서 외향적인 사람이 될 필요는 없으며, 세상에 영향력을 펼치고 싶다고 해서 사회가 정의하는 적극적이고 영향력 있는 사람이 될 필요도 없다.

세상은 빠르게 변하고 있다. 그리고 놀라울 정도로 시끄럽다. 그 소음에 동참하기보다는 자신과 타인의 이야기에 귀를 기울이고 자신에게 더 많은 기대를 걸 수 있게 되길 바란다. 우리에게는 모두 이야기가 있고 세상에는 당신의 이야기가 필요하다.

차례

들어가는 말 · 006

1부   집요한 호기심의 필요성

첫 번째 원칙   결점을 인정하라 · 014
두 번째 원칙   경청하고 이해하라 · 038
세 번째 원칙   호기심을 가져라 · 056
네 번째 원칙   더하기를 찾아라 · 077

2부   의미 있는 관계의 힘

다섯 번째 원칙   먼저 연락하고 먼저 시작하라 · 100
여섯 번째 원칙   친구를 소중히 하라 · 127
일곱 번째 원칙   단점은 관계로 보충하라 · 149
여덟 번째 원칙   약한 유대 관계를 지속하라 · 168

3부　조용한 신념의 중요성

아홉 번째 원칙　배운 것을 나눠라 · 188
열 번째 원칙　자신만의 이야기를 찾아라 · 209
열한 번째 원칙　두려워도 앞으로 나아가라 · 228
열두 번째 원칙　손을 잡고 함께 정상에 올라라 · 251

감사의 말 · 267
주석 · 269

1부

집요한 호기심의 필요성

첫 번째 형식

결점을 인정하라

"나 지금 여기에서 뭐 하는 거지?"

나는 마음속으로 생각했다.

"이 자리는 나와 맞지 않아. 여기는 내가 있을 곳이 아니야."

담뱃갑과 커피잔, 서류철이 책상마다 어지럽게 흐트러져 있었다. 형편없는 비즈니스 영화 촬영장에 들어온 것 같았다. 때는 2003년, 배경은 볼티모어 도심지에 있는 분주한 주택 담보 대출 회사로 과거에는 오래된 가구 창고였던 곳이다. 그곳에 들어서자 나는 눈앞이 핑 돌았다. 영업 사원들은 전화기를 붙잡고 소리치거나 서로의 얼굴에 대고 얼마나 많은 거래를 성사시켰는지 고래고래 떠들고 있었다. 당장 여기에서 탈출해 집으로 돌아가 백수 룸메이트가 달라붙어 있는 소파에 뛰어들어야겠다고 다짐한 순간, 신입 사원 교육 강사가 회의실 문밖으로 고개를 내밀고 소리쳤다.

"모두 여기 있어요, 마이클! 얼른 시작합시다!"

회의실로 향했지만 손에서는 땀이 미친 듯이 흐르기 시작했다. 그로부터 몇 시간 동안 나와 다른 신입 사원들에게 쏟아진 온갖 정보는 긴장을 악화시키기만 했다. 그렇게 영업 기술과 업계 용어를 알아듣는 척하고 있을 때 강사의 입에서 솔깃한 말이 흘러나왔다.

"여러분이 하루에 100통의 영업 전화를 돌릴 수 있다면, 당신이 어떤 사람이든 10만 달러를 벌 수 있습니다!"

이 말을 들은 다른 신입 사원들은 열광했다. 보통은 양복에 넥타이를 매고 속사포처럼 말하는 사람이 내거는 거창한 약속 같은 건 조심하는 편이지만, 그날만큼은 마음이 혹했다. 무엇보다 이곳에서 몇 달만 버티면 사람과 관계를 맺는 데 능숙해질 거라는 기대가 컸기 때문이었다. 그건 심하게 말을 더듬고 수줍음 많은 내가 간절히 얻고 싶은 능력이었다. 내 이름이 불릴 때마다 심장이 덜컹 내려앉는 일이 줄어들고 사람들과 편하게 어울릴 수만 있다면 무엇이든지 할 수 있었다. 최대한 많은 사람과 대화하는 것이야말로 나의 두려움을 극복할 가장 좋은 방법 같았다. 게다가 나는 대면보다 전화가 편했다. 전화할 때는 말랑한 스트레스 볼을 손에 쥐고 있을 수 있다. 긴장되면 마음껏 왼쪽 다리를 떨어도 된다. 대화가 잘 안 풀리면 전화 연결이 끊긴 척할 수도 있다. 그런 일은 실제로도 자주 일어나니까.

그다음 날, 마음의 준비를 하고 사무실로 들어갔다. 하지만 곧 내 기분은 땅으로 곤두박질쳤다. 교육 강사의 입에서 제정신인 사람이라면 두려워할 말이 튀어나왔기 때문이었다.

"역할놀이 시간입니다!"

물론 역할놀이가 신나는 상황도 있을 것이다. 하지만 그런 상황은 열에 아홉 정도는 사무실 밖에서 일어난다. 이 단어가 익숙하지 않은 사람이 있을 수 있지만 특별한 건 없다. 한두 명의 사람과 전화로 영업하는 상황극을 하며 영업 기술을 연습한 다음, 사람들 앞에서 그 상황극을 보여주는 것이다.

강사의 말을 들은 순간, 나는 몸이 얼어붙었다. 잠시 뒤 눈앞의 안개가 걷히고 악몽 같은 현실을 직시하자, 교육장 너머에서 내 이름이 불렸다. 온몸이 굳어버린 나는 겨우 몸을 일으켜 새하얗게 질린 얼굴로 담당 관리자 쪽으로 발을 옮겼다. 관리자가 195센티미터의 장신인 데다가 의욕이 넘치고, 빌 클린턴 같은 카리스마가 있는 사람이라는 걸 알게 되자 다리는 더 후들거렸다.

"자네 얼굴이 많이 안 좋은데, 무슨 일인가?"

관리자가 말했다. 나는 침착하게 대답하고 싶었지만 그러지 못했다.

"저는 말을 더듬는데, 그래서 이 직장을 다니면…."

내가 입 밖으로 겨우 몇 마디 말을 내뱉자, 그는 포수의 글러브만 한 손바닥을 들어 내 어깨를 감싸며 말했다.

"무엇을 하고 싶나?"

"역할놀이만 아니면 됩니다!"

내가 이토록 명확하고 확신에 차서 대답하는 건 드물었다.

"그렇군. 좋은 생각이 있네. 나를 따라오게."

그는 앞장서 걸어 나가면서 교육 강사에게 자세한 상황은 설명하지 않고 오늘 하루만 나를 데려가겠다고 말했다.

"나도 이런 쓸모없는 역할놀이가 싫어."

관리자는 예상치 못한 말을 하며 내 책상으로 향했다.

"여기 이탈 고객 목록과 대본이 있네. 이 고객들에게 연락을 돌려보고, 자네가 이 일에 조금이라도 흥미가 생긴다면 알려주게."

"제 옆에 계시지 않을 건가요?"

내가 물었다.

"자네가 오늘 회사에 나올 배짱이 있는 걸 보면 혼자서도 잘 할 거라 생각하네. 그리고 일하러 오기 싫으면 대부분은 오래 버티지도 않아. 마음을 편하게 가져보게. 언제든 도움이 필요하면 내 사무실로 찾아오고."

나는 관리자가 마음에 들었다. 그는 어떤 사람에게는 우렁찬 목소리로 빠르게 말했고, 어떤 사람에게는 조용하고 느리게 말했다. 분위기를 잘 파악하고 개개인의 특성에 맞게 대하는 그의 성격 덕분에 많은 이들이 그를 따랐다.

그 뒤로 몇 달 동안 나는 전화하는 일을 했다. 전화를 걸고, 또 걸고, 계속 걸었다. 나는 하루에 100번이 아니라 110번의 전화를 걸었다. 그건 성공으로 가는 사다리를 만들고 싶어서, 아니 다른 사람이 만든 사다리라도 올라타고 싶어서가 아니었다. 100번 전화를 걸면 그중 10번은 내 소개를 하다가 너무 심하게 말을 더듬는 바람에 전화를 끊어야 했기 때문이다.

나는 지금도 여전히 'm'으로 시작하는 단어를 말할 때 말을 더듬는다. 내 이름이 "마마, 마이클(M-M-Michael)"이고, 내가 하는 일이 "모모, 모기지 대출(m-m-mortgages)"인 걸 감안하면 영업 역사상 나는 가장 최악의, 그리고 가장 긴 영업 전화를 했을 것이다. 하지만 나에게 마이클이란 이름을 주신 부모님을 마음속으로 원망하고, 나를 토드나 밥이라고 바꿔 부르면 법적으로 어떤 영향이 있을지 고민하는 사이, 그로부터 몇 달 동안 일어난 흥미로운 사건 덕분에 마음속 두려움을 훨씬 덜 수 있었다.

세상의 질서를
다시 생각하기

시장을 지배하고 있는 성공에 관한 조언들은 식상한 문장으로 표현된다. "당당하게 행동하라!", "안전지대를 깨라!", "우두머리가 되라!" 우리는 이런 말에 쉽게 혹하며, 또 이렇게 생각하도록 강요받는다. 어디를 가나 진짜 강한 사람이 경쟁자를 짓밟을 수 있다는 말이 흘러나온다.

하지만 나는 3개월 동안 전화 영업을 하면서 교육 강사가 한 약속이 사실이었다는 걸 확인했다. 내성적이든 외향적이든 백인이든 흑인이든 카리스마가 있든 조용하든 그건 중요하지 않았다. 영업 전화를 가장 많이 건 사람들은 연말 파티에서 영업 팀장으로 뽑혔다. 그리고 놀랍게도 최고 실적을 낸 직원은 수줍음이 많고 내성적인 사람이었다. 몇몇 동료는 그가 사교성이 부족하다고 생각할 정도였다. 하지만 그는 내가 미처 깨닫지 못한 사실을 알고 있었다. 이 세상에는 절대 뚫을 수 없는 자신감을 내세우는 사람보다 세심한 배려를 보여주는 사람을 선호하는 이가 훨씬 많다는 것이다. 고객의 이익을 먼저 생각하고 자신의 강점을 활용함으로써 그는 누구보다 돋보일 수 있었다.

열심히 노력하면 부족한 점을 상쇄할 수 있고 숫기 없는 성격은 방해 요소가 아니라는 걸 깨닫는 건 나에게 놀라운 경험이었다. 사무실에서 만난 영업 팀장들과 좋은 성과를 냈던 직원들에게 좋은 영향을 받으면서 나는 쓸모없는 사람이라는 생각에서 벗어나 나만의 가치가 있다는 걸 알게 되었다.

내성적이고 말수가 적고 수줍음 많은 사람도 영업직에서 당당하게 경쟁할 수 있을 뿐만 아니라 그 경쟁에서 이길 수 있다는 사실에 눈을 떴을 때쯤, 한 영업 세미나에 참석할 기회가 생겼다. 처음에는 별로 세미나에 가고 싶지 않았다. 나는 아직도 많은 사람이 모이는 곳보다 익숙한 장소에 머무르는 게 편하다. 하지만 나중에는 그 세미나에 참석한 게 참 다행이라고 생각했는데, 강연자가 한 말이 큰 충격을 주었기 때문이었다.

그 강연자의 이름을 기억할 수 있다면 얼마나 좋을까. 그는 대단한 인물이었다. 마치 일론 머스크가 등장한 것처럼 그 남자가 무대 위로 올라오자, 청중은 열광적인 반응을 보였다. 분명 그의 강연은 박수갈채를 받을 만했다. 하지만 나를 소름 돋게 한 건 그가 강연 막바지에 뱉은 한마디였다.

"아, 그리고 마지막으로요."

그가 자기 짐을 챙기면서 무심히 말했다.

"고객과 대화하는 게 어렵다면, 말을 더듬으세요. 그러면 고객들은 여러분을 영업 사원이 아니라 평범한 사람으로 봐줄 겁니다!"

나도 모르게 말이 튀어나왔다.

"이런 제제, 젠장!"

나는 혼잣말로 중얼거렸다.

"난 말을 더듬을 줄 알아! 어떻게 하는지 너무 잘 안다고! 그런 척할 필요도 없어!"

어느새 고객들은 나 같은 사람이 영업을 한다는 사실을 높이 평가하며 나를 인정해 주기 시작했다. 그들은 "당신은 평범한 영업 사원과 다른 것 같아요"라고 말했다.

"신선해요. 당신은 용기 있는 사람이에요. 당신은 내 말에 진심으로 귀를 기울이고, 번드르르한 말만 늘어놓으면서 나를 압박하려는 다른 영업 사원과는 전혀 달라요!"

오랜 세월 자책하고 있었지만, 나의 장점은 그냥 나답게 행동하는 것이라는 걸 그제야 알게 되었다. 마음이 한껏 부풀어 올랐다. 물론 모든 고객에게 통하는 건 아니었다. 하지만 그로부터 1년 후 나는 회사 연말 파티에서 아홉 번째로 실적이 좋은 영업 사원으로 뽑혀 상을 받았고, 관리직으로 승진했다.

조금만 생각해 보면 나의 성장을 납득할 수 있을 것이다. 핵심부터 살펴보자면, 사람은 자기가 좋아하고 신뢰하는 사람과 함께 시간을 보내고 싶어 하고 일하고 싶어 한다. 나는 그럴듯하게 구슬리는 재주가 없기 때문에 애초에 곤란한 상황에 빠지지 않도록 애썼다. 그러다 보니 고객의 말에 귀를 기울이고, 고객의 처지에서 생각하고, 고객에게 가장 좋은 것을 주고자 했다. 그리고 문제 해결에 도움이 되는 창의적인 방법을 고민하는 나의 강점을 점차 인정하게 되었다. 자신감이 부족하다는 걱정을 내려놓고, 편안함과 신뢰, 친절에 중점을 두기로 선택한 것이다.

내 전략은 외향적으로 행동할 때와 같은 결과를 얻을 수 있지만 스트레스는 훨씬 줄어든다는 장점이 있다. 하지만 여기에서 핵심은 '자신감'이라는 단어를 어떻게 정의하느냐에 달려 있다. 나뿐만이 아니라 나와 함께 일한 많은 사람은 조용한 자신감이 목청 큰 자신감을 이긴다는 사실에 동의했다. 내가 말하는 자신감은 쉬지 않고 말하며 상대방에게 내 생각을 강요할 필요가 없다. 신뢰가 가장 중요하다는 걸 알며 사람들이 자유롭고 솔직하게 말할 수 있게 도와주는 그런 자신감이다. 또한 경청하며 상대방이 말하게 하는 자신감이다. 경험 많은 경영진이나 기업가들 역시 말수가 적은 사람이 사실은 가장 큰 힘을 쥐고 있는 사람이라는 내 의견에 동의할 것이다.

사람은 누구나 극복해야 하는 자기만의 어려움이 있기 때문에 말처럼 쉬운 일이 아니라는 걸 잘 안다. 하지만 사람들은 당신이 그들에게 무엇을 해줄 수 있는지를 신경 쓰지, 당신이 무엇을 하는지에는 거의 관심이 없다. 자존감을 높이고 자신감을 키우기 위해 당신이 편하다고 느끼면서 상대도 편안할 수 있는 상황에 집중해보자. 당신의 부족한 점이 오히려 인간적인 면모를 강조한다는 사실을 받아들이자.

당신이 믿고 있는 약점을 의심하라

이야기에는 어마어마한 힘이 있다. 하지만 그중에서도 자기 자신에게 들려주는 이야기보다 강력한 건 없다. 스물세 살이 될 때까지 나는 부족한 점이 많다고 생각했다. 어떤 것도 해내지 못할 거라고 확신할 정도였다. 내가 무엇을 이룰 수 있을지 생각할 때마다 머릿속에서 나는 부족한 사람이라는 목소리가 계속 들려왔다. 내가 "멍청이"나 "괴짜", 또는 분노로 말을 잃게 만든 "저능아"라는 말로 놀림당하던 시기에는 이러한 자책이 더 심했다. 새 학기 첫날 새로운 친구들 앞에서 선생님이 미소를 지으며 나에게 "안녕, 마마, 마이클, 자자, 잘 지냈니?"라고 말했던 때도 마찬가지였다. 선생님과 친구들의 웃음소리를 들으면서 나는 이번 학기에도 놀림거리가 될 운명임을 직감했다. 괴로운 경험과 자책이 점점 쌓이면서 자신을 바라보는 부정적인 시선도 뿌리 깊게 자리 잡았다.

그러나 나와 같은 영업직에 있는 다른 동료들도 부끄러움을 느낀다는 사실을 알게 되면서 내 약점을 바라보는 시선도 달라졌다. 내면의 부정적인 목소리에 의심을 품게 된 것이다. 이렇게 깊은 내면을 들여다보기 전까지 나 자신을 전형적인 나약한 인간이라고 생각했다. 하지만 점차 내가 잘못된 시선으로 나를 보고 있었다는 걸 깨달았다. 나는 반 아이들 앞에서 창피를 당한 다음 날에도 학교에 갈 용기가 있었고, 말을 더듬는 사람에게 적합하지 않다는 걸 너무나 잘 알았음에도 영업에 도전할 배짱이 있었다. 오히려 나는 매우 용감한 선택을 했던 것이다.

내성적이고 내향적인 사람으로서 수줍음의 부정적인 의미를 분석한 것도 큰 영향을 주었다. 우리는 언제까지 외향적이지 못한 성격을 해명해야 하는 걸까? 조용함은 나약함의 동의어일까? 왜 소극적이라는 말에는 부족하다는 의미가 담겨 있을까? 곰곰이 생각해 보면 터무니없는 말이다. 이 세상이 다채로운 건 사람들의 다양성 덕분이다. 상황에 따라서는 자신만만하고 외향적인 사람도 수줍음을 느낄 때가 있다. 게다가 내가 영업 사원으로서 성공할 수 있었던 비결은 오히려 말수가 적었기 때문이었다.

"난 너무 부끄러움이 많아", "난 너무 예민해" 또는 "난 어떤 것도 해내지 못할 거야"라는 부정적인 생각 대신 "난 호기심이 많아", "난 용감해" 그리고 "난 다른 사람 말에 귀를 기울여"와 같은 새로운 시각으로 나를 바라보기까지 무척 오랜 시간이 걸렸다. 내면의 목소리를 바꾸기란 쉽지 않다. 하지만 자기파괴적인 생각을 무턱대고 받아들이지 않고 의문을 품다 보니, 있는 그대로 나를 드러내기가 훨씬 편해졌다.

그렇다고 해서 단순히 내면의 이야기를 점검하는 것만이 중요한 건 아니다. 사회에서 어떤 사람을 가치 있다고 생각하는지도 고민해야 한다. 우리는 보통 목소리가 큰 사람이 활기차고 인기가 많은 사람이라고 생각한다. 나와 가까운 친구 중에도 외향적인 사람이 있다. 어떤 친구에게는 놀라운 카리스마가 느껴진다. 하지만 내가 그런 이유로 그들을 좋아하는 건 아니다. 그들을 좋아하는 건 화요일 오후에도 내 전화를 받고, 언제나 내 소식을 궁금해하고, 내가 좌절할 때는 위로를 주기 때문이다. 그들은 진짜 내 모습을 드러낼 수 있는 편안함을 주었다.

지금 여러분의 인생에서 가장 고마운 사람을 떠올려보면, 내가 그랬듯 아마 가면을 쓸 필요가 없게 해준 사람일 것이다. 바네사 반 에드워즈(Vanessa Van Edwards)가 저서 《캣치: 마음을 훔치는 기술(Captivate)》에서 소개한 한 연구에서는 조용한 아이가 반에서 가장 중요한 아이라는 학교 선생님의 경험담을 뒷받침하는 결과가 나왔다. 이 연구에 따르면 고등학교에서 가장 인기가 많은 아이는 제일 잘 생기거나 몸이 좋은, 소위 말해 멋진 아이들이 아니었다. 가장 인기가 많은 학생은 그저 또래를 좋아하고 친구들에게 도움이 되길 원하는 학생이었다.[1]

어린이든 고등학생이든 이웃이든 회사든 심지어 영업할 때든 가장 가치 있는 사람은 상대가 중요하게 여기는 게 무엇인지 이해하려고 노력한다. 그들은 남을 돕고 싶어 한다. 그들은 상대에게 관심을 보인다. 그리고 상대의 이야기에 귀를 기울인다.

돌이켜보면 내가 사람들과 관계를 맺지 못하고 원하는 바를 이루지 못하게 발목을 잡았던 건 내성적인 성격이 아니었다. 말더듬증 때문도 아니었다. 가장 큰 걸림돌은 나를 괴롭히던 내면의 목소리였다. 나는 무슨 말을 해야 할지, 다른 사람이 나를 어떻게 생각할지에 너무 사로잡혀 있었고, 망신당할 걱정부터 앞서는 바람에 정작 내 주위 사람들이 무슨 말을 하고 무엇을 원하는지 신경 쓰지 못했다.

하지만 오랜 자책을 되돌아보고 사회적 기대를 벗어던지자, 나라는 사람을 새로운 시각에서 보게 되었고 마침내 놀라운 사실에 눈을 떴다. 나는 이미 충분한 사람이었다. 이 사실을 명쾌하게 깨달은 순간부터 내가 아닌 다른 사람에게 나를 맞추려고 애쓰지 않고 나라는 사람을 그대로 인정하기로 결심했다.

자기만의 길을 닦을 수 있는 최고의 방법은 다른 사람이 각자의 길을 잘 걸을 수 있도록 도와주는 것이라고 믿는다. 하지만 그러기 위해서 우리가 망토를 두르고 영웅이 되어야 하는 건 아니다. 자신감과 카리스마가 넘쳐흘러야 하는 것도 아니다. 우리가 이미 가지고 있는, 그것도 아주 많이 가진 긍정적인 자질을 알아보고, 한편으로는 스스로 부족하다고 느끼는 자질로 내 모든 걸 정의하고 싶은 마음을 내려놓아야 한다. 세상에 나를 내놓는 건 두려울 수 있다. 하지만 그럴 필요 없다. 우리가 꽃 피울 수 있는 환경으로 만들면 된다. 다행히 그런 기회는 생각보다 훨씬 많다. 새로운 사람을 사귈 때 이미 당신은 잘 해내고 있을 가능성이 크다.

자신감보다 편안함에 주목하기

내가 어렸을 때는 아버지의 직업 특성상 주위에 군인들이 많았다. 군인은 강한 첫인상을 주기 위해 어깨를 세우고 발을 넓게 두고 서서 턱을 치켜들었고, 악수할 때면 손을 부러뜨릴 기세로 세게 잡았다. 그 모습을 볼수록 나도 그렇게 행동해야 할 것 같았다. 하지만 문제가 하나 있었다. 그건 진짜 내 모습이 아니었다. 조금도 비슷하지 않았다.

내 말을 오해하지 않길 바란다. 자신만만한 태도가 필요한 순간도 분명 있다. 하지만 모든 만남에서 벤처 투자자를 만나거나 경비가 삼엄하기로 소문난 교도소의 구직 면접을 보는 것처럼 행동할 필요는 없다. 일상에서 일어나는 대부분의 소통은 따뜻한 태도로 다가갈 때 훨씬 호감을 줄 수 있다. 다음 두 명의 사람을 만난다고 가정해 보자.

당신을 향해 걸어오는 첫 번째 사람은 자기계발서를 감명 깊게 읽었다. 그의 당당한 자세에서는 위엄이 느껴진다. 당신에게 다가온 그는 앞을 가로막고 선다. 고개는 뻣뻣하게 세운 모습이다. 그는 책에서 본 자신감을 표출하는 방법을 그대로 따라 하고 있다. 그리고 즉시 자기소개를 하고 말을 이어나간다.

두 번째 사람도 반듯한 자세로 걸어오지만 그렇다고 해서 피규어 장난감처럼 딱딱한 자세는 아니다. 그는 정면에 서지 않고 살짝 옆으로 다가와 당신의 움직임을 가로막지 않는다. 얼굴에는 미소를 띠고 있으며(침울한 표정으로 다가오는 사람을 좋아할 사람은 없다는 걸 알고 있기 때문이다), 고개를 살짝 숙이고 천천히 차분하게 인사를 건넨다.

당신은 둘 중 어떤 사람에게 더 편안함을 느낄까? 누구와 더 대화하고 싶은 마음이 들까? 내 개인적인 편향이 담겨 있다고 생각할까 봐 알려주자면, 이를 뒷받침하는 연구 결과도 존재한다. 말을 빨리하면 지식이 많고 자신감 있어 보인다. 하지만 그건 특정 상황에서 그렇다. 토론할 때는 이 방식이 효과가 있을지 몰라도 새로운 사람을 만날 때는 역효과를 낼 수 있다.[2] 상대방에게도 당신이 어떤 사람이며 무슨 말을 하려는지 파악할 시간이 필요하기 때문이다. 강인한 태도도 이와 비슷하다. 자신만만한 자세는 뇌에 긍정적인 신호를 보낸다는 연구가 있다.[3] 하지만 누군가에게 다가갈 때, 특히 당신이 키가 크거나 강한 인상을 가졌다면, 위협을 주지 않기 위해 몸을 살짝 숙이고 상대의 호감을 얻어야 한다.

가장 중요한 한 가지를 꼽자면, 상대방과 나란히 서야 한다. 사람이라면 누구나 자기가 직접 결정하기를 원하며, 누군가 앞을 가로막거나 방해하면 부정적인 메시지를 받는다. 또한 비슷한 버릇을 가진 사람에게 호감을 느끼기 때문에 상대방의 몸짓을 읽으며 그들의 표정과 말투를 따라 해보자. 가장 조심해야 하는 건 상대가 기분이 나쁠 때도 활기찬 태도로 다가가는 것이다.

당신의 기준이 견고하고 그 방식이 효과가 있다면, 그렇게 해도 좋다. 하지만 당신이 기본적으로 덜 적극적인 편이고 사람에게 다가갈 때 망설인다면 자신감 있는 태도를 보이지 못한다고 자책하지 말고, 상대가 편안함을 느낄 수 있도록 노력해 보자. 아니면 충분한 준비를 한 후에 대화에 참여하자. 그게 우리가 사는 세상의 멋진 점이다. 새로운 사람과 자신 있게 대화를 나누기 위해 쓸 수 있는 효율적인 방법은 아주 많다.

가장 편안한 장소에서 시작하라

나는 지금까지 세 개의 대륙과 열 개가 넘는 크고 작은 도시에서 살았다. 그래서 새로운 지역으로 이사 갈 때마다 적극적으로 친구를 사귀어야 했다. 이런 경험 덕분에 나는 동네 주민과 쉽게 친해지는 방법을 찾게 되었다. 나는 더 이상 술을 마시지 않지만, 일주일에 몇 번 정도 점심시간마다 집 근처 술집에 가서 자리를 잡고 앉는다. 바텐더와 종업원들은 동네 주민과 좋은 관계를 유지하는 경우가 많고, 손님과 친분을 쌓아서 다시 오고 싶은 분위기를 만들기 위해 노력한다. 술집에 자주 방문하다 보면 직원과 전에 나누었던 대화를 이어가기도 하고, 다른 손님을 소개받을 수도 있다. 무엇보다 직원과 친근한 대화를 나누고 있으면 그 모습을 본 다른 사람도 대화에 참여하고 싶어 한다. 마음이 어수선하고 사람과의 연결이 끊어진 기분이 들 때는 이 세상에서 절대 사라지지 않을 장소인 술집으로 가자.

또한 우리가 쉽게 간과하는 사실이 있는데, 바로 대화가 일상인 직업이 있다는 것이다. 가게 점원이나 미용사, 온갖 서비스 직원

및 판매원과 대화를 연습할 수 있다. 한번 그들을 관찰해 보라. 그리고 친분을 쌓아라. 나는 물건을 살 때마다 방금 길에서 주운 카드인데 아무 비밀번호나 누른 게 맞아서 놀랐다는 농담을 던지곤 한다. 물론 내 농담에 관심이 없는 직원도 있다. 하지만 대부분 이런 농담은 계산원뿐만 아니라 주위의 다른 손님까지도 웃게 만든다. 지금 스페인에 살고 있는 나의 비밀 무기는 잡담이다. 그들에게 나는 미국과 스페인의 차이점을 편하게 이야기할 수 있는 유일한 미국인이라서 재미있는 대화가 자주 오간다.

우리가 살고 있는 이 시대를 생각해 보자. 다들 고개를 숙이고 핸드폰만 들여다본다. 많은 사람이 주위의 세상과 그곳에 사는 사람들을 의식하지 못한다. 어쩌면 그 덕분에 미소를 짓고, 뒷사람을 위해 문을 잡아주고, 낯선 사람에게 인사를 건네고, 짧은 잡담을 나누는 기본적인 배려가 아주 강력한 힘을 발휘한다. 사람들 틈에서 하염없이 인스타그램 화면만 내리지 말고, 구식의 방법을 활용해 보자. 주위 사람에게 먼저 인사를 건네면 특별히 과시하지 않아도 눈에 띄는 존재가 될 수 있다. 게다가 효과 있는 대화 주제를 몇 가지 알아두기만 하면 더 이상 할 일은 없다. 여러 사람에게 똑같은 방법 쓴다고 해서 나무랄 사람은 아무도 없으니까 말이다.

짧은 잡담의
힘을 이용하라

나는 먼저 말을 거는 연습을 셀 수 없이 많이 했다. 불편한 주제 같다고 어렴풋이 생각했던 건 실제로도 불편한 대화로 끝났다. 한번은 실험 삼아 수많은 책에서 권하는 방법을 시도한 적도 있다.

"당신이 꿈꾸는 삶은 어떤 모습인가요?"

내 질문에 그 사람은 "혼자 사는 삶이요"라고 대답하고는 자리를 떠나버렸다. 많은 사람이 그러하겠지만, 나도 처음에는 아이스 브레이킹에 적합한 주제를 찾는 게 힘들었다. 하지만 상대방과의 공통점을 찾거나 호기심을 끌어내지 않고는 의미 있는 대화를 나누기 어렵다는 걸 깨달았다. 아이스 브레이킹이나 대화를 이어나가는 방법들은 잘 설계한다면 긍정적인 결과를 가져올 수 있다. 당신에게 효과가 있고 편안하게 느껴지는 두세 가지 대화 주제를 찾아놓으면, 새로운 사람을 만날 때마다 조금씩 변형도 가능하게 된다.

그렇다고 해서 아이스 브레이킹이 대단한 주제일 필요는 없다. 내가 좀 더 빨리 이 사실을 깨닫지 못한 것이 아쉽다. 나는 새로운 사람을 만날 때 잘 해내야 한다는 불필요한 압박을 느끼곤 했다. 그때 나는 미처 몰랐지만, 첫인상의 목적은 두 번째 대화의 기회를 얻는 것이다. 그게 전부다. 그리고 대화를 끊기지 않게 하려는 건 가벼운 대화를 나누는 동안 상대방에게 당신을 판단할 시간을 주기 위해서다.

사람들이 흔히 알고 있는 것과 달리 "어떻게 지내세요?"처럼 가벼운 말로 시작해도 괜찮다. 상대방은 그동안 당신을 판단할 시간을 얻는다. 게다가 다음 질문을 쉽게 떠올릴 수 있어서 대화를 이어나가기 좋다. 《당신이 있어야 할 곳(You Belong Here)》의 저자이자 내 친구인 킴 댑스(Kim Dabbs)는 간단한 인사말을 주고받은 후에 "당신이 고향이라고 생각하는 곳은 어디인가요?"라고 질문하기 좋아한다. 전형적인 질문인 "어디 출신이세요?"를 살짝 바꾼 형태지만, 이 질문을 받은 사람들은 자기가 가장 편하다고 느끼는 장소를 털어놓는다. 그리고 그들이 능력을 최대치로 발휘할 수 있는 장소가 어디인지 깊게 파고들 수 있다. 퇴근 후 보통 무엇을 하는지 물어보는 것 또한 킴의 질문과 비슷한 결과를 얻을 수 있다. 이 질문을 통해 상대방의 취미를 알 수도 있고, "직업이 무엇인가요?" 같은 평범한 질문보다 흥미를 끌기 좋다.

관찰 능력을 자랑스러워하는 사람으로서 나는 대화를 시작할 때 다음 세 가지 중 하나를 사용하는 편이다. 주위 환경을 언급하거나 그 사람이 읽고 있는 책을 이야기하거나 또는 예전에 효과가 있었던 질문을 하는 것이다. 다양한 사람들의 인생 교훈을 듣는 걸 좋아하는 나는 다음과 같은 대화 방식을 사용한다.

"제가 지금 아이를 데리러 가는 중이긴 한데, 사실 제가 글을 하나 쓰고 있거든요(또는 대학에서 수업을 가르치고 있거든요). 그래서 만나는 사람에게 '자신의 커리어에서 내린 최고의 결정'과 같은 거슬리지 않는 주제에 관해 물어보고 있어요."

그냥 이렇게 말해도 된다.

"제가 친구랑 대화하기 쉬운 주제에 대해 이야기했는데, 당신의 의견도 들을 수 있다면 너무 좋을 것 같아요."

이렇게 대화를 시작하면 하나의 질문으로 여러 장점을 얻을 수 있다.

첫째, 대부분의 사람은 저마다 직업적 조언에 대해 할 말이 있고, 보통 이런 주제는 의견이 상반되거나 너무 개인적이지 않다. 만약 상대방이 선뜻 대답하지 못한다면, 다른 사람에게 들었거나 당신이 생각하는 조언을 몇 가지 꺼내보자. 대화를 시작할 때 날씨를 언급하는 것도 좋은 방법이다. 누구나 날씨에 대해 할 말이 있을 것이다. 게다가 대화가 끝난 후에 "그녀는 멋진 사람이지만, 오늘 날씨가 흐리다는 말은 정말 말도 안 돼!"라고 생각해 본 적은 한 번도 없다. 낯선 사람과 대화를 시작하면 상대방은 이미 머릿속에서 당신의 의도를 파악하고 있다. 그러니 그들이 상황을 파악할 시간을 주기 위해 간단히 시작할 수 있는 주제를 몇 가지 준비하라. 얕은 물을 지나지 않고는 우리가 원하는 깊은 대화에 도달하기 어렵다.

둘째, 많은 전문가가 상대에게 온전히 집중하라고 조언하고 이는 대체로 옳은 말임에도 불구하고, 상황이나 상대의 성격에 따라 당신의 정보를 조금 나누어주는 것도 도움이 된다. 이렇게 생각해 보자. 만약 상대방도 수줍은 사람이라면 어떨까? 아니면 그들이 낯선 사람에게 자기 이야기를 꺼내는 걸 꺼린다면? 내가 지나치다고 생각할 수도 있지만, 나는 가능한 한 빨리 상대방에 대해 알고 싶다. 그래서 나는 내가 먼저 작가 일을 하고 아이를 키우며 직업적 조언에 관심이 있다고 말하는 편이다.

셋째, "아이를 데리러 가는 길이다"라는 말이 상대의 방어막을 허물게 한다. 사람은 일종의 생존 본능으로써 내 앞에 있는 사람이 위협적인 존재인지 아닌지를 판단한다. 전 FBI 행동분석전문가이자 《'나'만 중요한 게 아니다(It's Not All About 'Me')》의 저자인 로빈 드리케(Robin Dreeke)는 상대방을 편안하게 해주는 아주 간단한 방법을 소개한다. 그건 바로 상대의 시간을 많이 뺏지 않겠다는 사실을 알려주는 것이다. 로빈은 이렇게 말한다.

"친밀한 관계를 쌓고 좋은 대화를 나누기 위한 첫 번째 단계는 이 대화에 끝이 있으며, 그 끝이 아주 가깝다는 사실을 알려주는 것이다."[4]

로빈의 지혜는 나뿐만이 아니라 수많은 학생과 고객에게도 아주 훌륭한 선물이 되었다. 예를 들면 이런 식이다. "5분 뒤에 아내와 만나기로 했는데, 당신이 읽고 있는 책에 관한 재미있는 이야기를 들었거든요", "곧 미팅에 참석해야 하는데, 궁금한 게 있어서요" 같은 단순한 말 덕분에 사람들은 긴장을 풀게 되고 또 대화를 오래

끌지 않을 거라는 걸 알고 긍정적인 분위기가 조성된다. 심지어 대화가 잘 안 풀리더라도 쉽게 빠져나올 수 있다. 그와 동시에 대화가 잘 통하면 나중에 연락할 기회를 엿볼 수도 있다.

"이제 일하러 가봐야겠네요. 대화 나눠서 정말 즐거웠고, 다음에 또 이야기해요."

잊지 말라, 배려는 언제나 멋지다

내가 과감하게 영업에 뛰어들어 있는 그대로의 내 모습으로 편안하게 사람을 만나고 인맥을 쌓아온 지 어느덧 20년이 흘렀다. 이 한 번의 결정이 나를 데려온 곳은 내가 이토록 자신 있게 걸어가리라고는 상상도 못 해본 길이었다. 지금껏 내가 이뤄온 성과가 매우 뿌듯하다. 소통 능력을 키우고 싶거나 자기 자신을 긍정적으로 바라보고 싶은 사람들이 나를 찾아오게 될 줄은 꿈에도 몰랐다.

그렇지만 입사 초에 만난 관리자가 나만의 길을 찾을 수 있는 여유를 주지 않았다면 내 삶의 많은 부분이 달라졌을 거라고 확신한다. 참 신기하게도 주변 사람의 사소한 행동이 우리 곁에 오랫동안 남아 있기도 한다. 입사 첫 주에 교육 강사가 "역할놀이"라고 외치는 걸 들었을 때, 나는 기권하기 직전이었다. 나를 한쪽으로 불러내 나만의 방식대로 편안한 공간을 찾게 해줬던 관리자는 약점을 세상에 보여주지 않고도 나의 강점을 드러낼 수 있게 해주었다. 내 힘으로 나아갈 수 있게 도와준 그의 든든한 응원은 훗날 내가 다른 사람들을 세상 밖으로 끌어내는 데 큰 영향을 주었다.

일을 그만둔 뒤, 나는 전 세계를 여행했다. 사업가이자 강사, 그리고 컨설턴트로서 나는 수천 명의 사람과 수백 개의 조직을 만났다. 그중에서 자신감 넘치고 카리스마 있는 사람들이 기억에 남기도 한다. 하지만 내 마음의 눈에 훨씬 더 깊게 각인된 사람은 배려심 넘치는 사람들이었다.

따뜻함과 배려심으로 나를 이끌어준 첫 번째 상사와 닮은 사람들, 내가 필요할 때 내 옆에 있어주고 좌절할 때 일으켜 세워준 사람들, 무엇보다도 상대의 이야기에 온전히 귀를 기울일 수 있는 귀한 재능을 가진 사람들이 바로 그들이다.

작 한 것 나

이해하라

경청하고

"오늘은 좀 다른 걸 할 겁니다. 말하기 연습 대신 영상을 보면서 대화 속 인물로부터 배운 점을 각각 세 가지씩 적어볼 거예요."

수업이 시작되자 언어 치료사가 말했다. 나는 그녀가 이상하다고 생각했다. 말하기 실력에 도움을 받고자 만난 언어 치료사가 나에게 영상을 보면서 메모를 하라고 시키니 말이다. 혼란스럽긴 했지만 평소처럼 어려운 연습 문장을 떠듬떠듬 읊느라 얼굴이 토마토처럼 새빨개질 일이 없을 거라는 생각에 시키는 대로 하고 싶은 마음도 조금 들었다. 결국 호기심에 이끌려 군말 없이 따랐다. 그리고 나중에는 참 잘했다고 생각했는데, 그녀가 이 방법을 권유하면서 한 이야기가 내 인생을 크게 바꾸었기 때문이다.

"당신의 문제는 말하기가 아니에요. 많은 사람이 그런 것처럼 당신은 무슨 말을 해야 할지, 또 상대가 당신을 어떻게 생각할지에 너무 사로잡혀 있어서 누구의 말도 진정으로 경청하지 못한다는 것이죠. 타인과 가까워지고 싶다면 내면의 목소리를 낮추고 당신의 생각은 잠시 치워두세요."

그녀의 말에 반박하고 싶은 마음이 굴뚝 같았다. 나는 듣기 실력만큼은 자신 있었다. 주위 사람들에게도 나는 말을 잘하지 못하는 만큼 듣기를 잘한다고 말하고 다녔다. 그런 내가 잘한다고 굳게 믿었던 한 가지를 못한다는 말을 들은 것이다. 하지만 그녀의 말을 곱씹을수록 그 말 속에 담긴 진실에 눈을 뜨게 되었다. 나는 그동안 대화를 잘 해내야 하고 창피당하면 안 된다는 압박을 계속 느꼈기 때문에 대화를 나눌 때마다 머릿속에는 오로지 내 생각뿐이었다.

그날의 수업이 끝난 후, 영상을 보며 메모하는 훈련은 이번이 마지막일 거라고 생각했다. 하지만 그건 시작에 불과했다. 수업할 때마다 15분 동안 영상을 본 후, 내가 관찰한 언어적이고 비언어적인 의사소통에 관하여 이야기를 나누었다. 그리고 수업이 끝난 후에도 일상에서 나누는 대화 중에 상대로부터 알게 된 점 세 가지를 꾸준히 적어보라는 숙제를 받았다.

이처럼 누군가에게 권유받은 귀찮고 하기 싫었던 일이 사실은 우리에게 꼭 필요한 조언이 된다는 건 참 신기한 일이다. 상대의 말을 열심히 들으라는 이야기는 브로콜리를 많이 먹으라는 말과 비슷하다. 하지만 듣기 실력에 더 집중할 때 얻는 이점은 부정할 수 없었다. 오랜 직장 생활을 하면서 어떤 나라를 가나 어떤 지역에서 일하나 한 가지 특징만큼은 한결같았다. 제일 중요한 사람은 주위 사람이 가장 중요하게 여기는 게 무엇인지 알고자 노력하던 사람들이었다.

나는 지금도 항상 수첩을 들고 다니면서 대화를 나누는 사람에 관한 다양한 정보들, 예를 들면 자녀 이름이나 관심 있는 프로젝트, 현재 겪고 있는 문제, 또는 그들의 인생에 다가오는 중요한 일 등을 적는다. 이 습관 덕분에 여러 장점이 생겼다.

첫째, 항상 수첩을 들고 다니면 호기심이 생기는 데 도움이 된다. 둘째, 내가 관찰하고 알게 된 내용을 잊어버리지 않는다. 셋째, "방금 그 말이 너무 마음에 들어서 기억하고 싶은데 수첩에 좀 적어도 될까요?"라고 말하면 사람들의 반응이 좋다. 마지막으로, 상대가 무슨 일을 겪고 있는지 목록을 적어두면 상황이 어떻게 흘러가는지를 빠르게 파악할 수 있다.

하지만 경청한다는 건 단순히 듣고 기억하는 게 전부는 아니다. 상대와 관계를 쌓고 상대를 이해하는 것도 포함된다. 다시 말해, 경청은 호기심과 공감의 결합이며 상대를 진정으로 이해할 수 있는 비결이다.

내가 이 교훈을 깊이 새겼던 건 커리어 코치이자 내 친구인 라파 사란데시스(Rafa Sarandeses)와 처음 대화를 나눌 때 들었던 말 때문이었다. 라파는 "우리가 다른 사람에게 줄 수 있는 최고의 선물은 우리의 시간이 아니라 온전한 관심이에요."라고 말했다. 그는 온전히 집중함으로써 상대가 하는 말을 더 잘 받아들이고 이해하게 되며, 추가 질문을 통해 그들의 경험을 더 깊이 파고들 기회가 생긴다고 덧붙였다. 나는 라파가 정말 현명하다고 생각했다. 모두가 다른 사람의 관심을 얻기 위해 경쟁하는 세상에서 그의 신중한 조언은 인간관계의 고전적인 수법을 떠올리게 했다. 그건 바로, 상대에게 관심을 보이는 것이다.

여러분의 인생에서 최고의 대화를 나누었거나 강한 첫인상을 남긴 사람, 아니면 더 많은 시간을 함께 어울리고 싶었던 사람을 떠올려보면, 분명 그들은 당신의 이야기에 경청하고 온전한 관심을 쏟고 있었을 것이라고 장담한다. 그들과 대화를 나눈 후 '대화가 너무 즐거웠어. 그 사람은 내 이야기에 완전히 집중해 주었어!'라고 생각하지는 않더라도 마음속으로는 느낄 수 있다. 그리고 그 느낌은 기억에 남는다.

내 자아를 앞세우지 않고 내 생각은 잠시 미뤄두고 눈앞의 사람에게 집중하기란 당연히 어려운 일이다. 하지만 그렇기에 값진 일이다. 현대사회에서 우리는 서로 경쟁하고 비교하며, 때로는 앞서거나 가로막거나 부추기면서 자기의 권력을 입증해야 할 것만 같다. 만약 그러지 못하면 무슨 말을 해야 할지, 다른 사람이 나를 어떻게 판단할지, 그들이 나를 좋아하기는 할지 걱정이 앞선다. 역사상 가장 중독성 강한 기기인 스마트폰이 우리 손에 있다는 사실은 이 문제를 악화시킨다. 이 모든 심리적 불안과 디지털기기에 의

한 산만함은 다른 사람의 말에 귀 기울이지 못하게 훼방 놓는다.

사람과 관계를 맺는 건 예술이다. 그리고 모든 예술이 그러하듯 사람마다 해석이 달라질 수 있다. 내가 생각하는 관계 맺기의 정수는 사람들이 자기 자신을 있는 그대로 드러낼 공간을 만들어주는 데 있다. 당신의 이야기와 상대의 이야기가 잘 충돌하기 위한 무대를 마련하는 것이다. 그리고 그 무대 위의 주인공은 경청하기다.

대화를 위한
페르소나를 만들어라

잘 듣는 사람이 되고 싶다면 능동적으로 경청하라는 조언을 자주 들을 수 있다. 듣기는 명사가 아니라 동사라는 점에 나도 동의한다. 하지만 이것 또한 의식적으로 선택해야 하고, 항상 마음에 새겨둬야 한다. 아주 소수의 사람만이 최적의 경청자로 대화에 참여하며, 이는 조용히 돋보일 수 있는 확실한 방법이다. 우리가 살고 있는 세상은 거대한 방해 요소이고 머릿속 잡념을 비우기란 쉽지 않기 때문에 우리가 항상 제대로 해낼 수 있을 거라 기대할 수는 없다. 하지만 내 것으로 만들기 위해 평생 노력할 가치가 있는 기술이 하나 있다면 바로 경청하기일 것이다.

실제 대화 속에서 능동적 듣기를 실행하기 위한 나의 기술은 특정한 페르소나를 활용하는 것인데, 내 생각은 잠시 한쪽으로 치워두고 상대의 꿈과 걱정, 희망, 바람에 집중하는 역할을 한다. 상대에게 집중하기 위해 내가 사용하는 페르소나는 다섯 가지다. 이 페르소나 덕분에 사람 만나기를 두려워했던 내가 다른 사람들이 자기 자신을 더 잘 표현할 수 있도록 돕는 일을 하는 사람이 될 수 있었고, 그뿐만 아니라 듣는 행동 자체에 재미가 생겼다. 멋진 일을 경험하고 싶다면 스스로에게 이런 질문을 던져보자.

"지금 이 이야기를 계속 들으면 어떤 점을 배울 수 있을까?"

깃털이
돼라

의사소통과 관련하여 내가 들어본 최고의 조언 중 하나는 간신히 말을 알아들었던 스페인어 선생님이 알려준 것이었다. 선생님은 수업을 시작할 때마다 학생들에게 3분 동안 조용히 앉아 있게 했다. 별나긴 했지만 아주 현명한 방법이었다. 잡다한 생각이 많고 현재에 오롯이 집중하지 못하면 새로운 언어를 배우기란 불가능에 가깝기 때문이다.

200년 전에도 우리 조상들은 살아남기가 쉽지 않았지만, 우리가 사는 현대사회는 통제조차 어려울 때가 많다. 직장 생활을 하고, 돈을 벌고, 건강을 챙기고, 겉으로는 좋은 사회생활을 유지하고, 빠르게 변하는 세상을 따라잡는 와중에 다른 사람의 이야기에도 귀를 기울여야 한다는 게 놀라울 따름이다.

대화에 온전히 집중하지 못하게 방해하는 건 현재의 고민거리와 미래에 대한 걱정만은 아니다. 아마 깊이 생각해 본 적 없을 테지만, 사람은 누구나 방대한 과거의 경험을 지니며 이러한 경험은 우리의 상호작용에 소리 없이 영향을 준다. 나는 내가 무슨 말을 할지, 어떻게 말할지에 대해 걱정이 많았다. 그래서 일종의 생존 방법으로써 어렸을 때부터 일을 할 때까지 받아온 사소한 공격들에 상처받지 않은 척했다. 하지만 실제로는 상처로 남았다. 무시당한 경험들은 나의 자존심을 무너뜨렸고, 스스로를 멍청하다고 생각하게 했다. 내가 그 사실을 인지했건 인지하지 못했건 간에 가끔은 그러한 경험 때문에 상대의 의도를 의심했고, 사람들이 내 삶에 들어오지 못하게 막았다.

그러나 마음속 걱정들을 꺼낼 수 있다면, 그리고 마치 깃털처럼 가벼운 마음으로 대화에 참여한다면 우리는 타인과 연결될 수 있는 무대를 마련하게 된다. 스페인어 선생님의 말처럼, 만약 당신의 컵이 이미 걱정으로 가득 차 있다면 다른 사람을 알아갈 마음의 여유를 내기 어려울 것이다.

어쩌면 당신은 돈 걱정이나 직장 스트레스 때문에 다른 사람의 이야기에 귀를 기울이지 못할 수도 있다. 때로는 내가 그랬던 것처럼 다른 사람이 나를 어떻게 생각할지 지나치게 걱정할 수도 있고, 자기 자신이 바보처럼 느껴졌던 기억을 떨쳐내기 어려울 수도 있다. 지난 일주일을 돌아보며 당신이 상대의 이야기를 경청하지 못했던 순간에 머릿속에서 어떤 고민과 걱정을 지니고 있었는지 파악해 보자. 그리고 그 목록을 적어보자. 대화를 나누는 동안 지속적으로 떠올랐던 마음속 근심을 찾기 위해 내면의 목소리를 따라가 보자.

부정적인 생각이나 걱정, 고민이 중요하지 않다는 의미는 아니다. 이런 감정은 모두 타당한 감정이다. 다만 부정적인 감정을 잠깐 치워두고 아무것도 남지 않은 가벼운 마음으로 타인 앞에 서자는 의미다. 깃털처럼 가벼운 마음가짐으로 대화에 임하면 사람들을 새로운 시선을 볼 수 있는 마음의 문이 열릴 것이다.

무대 설계자가 돼라

내가 대학원에서 리더십 및 커뮤니케이션을 가르치기 시작했을 때 교수답게 정장을 입으라는 지침이 내려졌다. 내 수업 목표는 최대한 빨리 학생과 대등한 입장에 서서 그들이 자유롭게 말할 수 있도록 돕는 것이라고 설명하자 다행히도 백화점에 가서 넥타이를 살 필요는 없어졌다.

내가 수업하게 된 학교는 전형적인 옛날 교실로, 하얀 벽에 매끈한 창문과 형광등 조명, 조별 수업이 싫어지는 줄 세운 책상이 있었다. 내가 예전에 일했던 다른 학교는 확연히 달랐는데, 책상이 동그랗게 원을 이루고, 환한 볕이 들고, 벽에는 영감을 주는 그림이 잔뜩 걸린 곳이었다. 환경이 학생들의 행동에 얼마나 큰 영향을 주는지 직접 눈으로 확인한 건 매우 충격적이었다. 한쪽은 강의를 위한 교실이었고, 다른 쪽은 창의성과 협동에 초점을 맞추고 있었다. 나는 창의성과 협동성의 극대화야말로 새롭게 떠오르는 리더십의 핵심이라고 굳게 믿었기에 마음이 편하지 않은 환경은 나와 학생들에게 더 큰 노력을 요구하는 게 당연하다고 생각했다.

내가 좀 더 빨리 편안한 환경을 조성하는 법을 배우지 못한 것이 아쉽다. 물론 물리적인 환경을 완전히 바꾸는 게 언제나 가능한 건 아니다. 하지만 우리가 바꿀 수 있는 부분을 생각해 보면 상대의 편안함을 우선시하는 계기가 될 수 있다. 이렇게 한번 생각해 보자. 만약 당신이 누군가에게 인사고과 평가나 나쁜 소식을 알려줘야 한다면 불편할 만한 대화에 대비해 어떻게 조금이라도 더 편안한 분위기를 만들 수 있을까? 당신은 등받이가 높은 의자에 앉고, 맞은편의 상대는 낮은 의자에 앉는다면 어떨까? 아니면 동그란 탁자에 나란히 앉아 같은 눈높이에서 이야기하는 건 어떨까? 작은 차이지만 회사에서 많이 쓰는 "자리에 앉게"와 다르게 "같이 앉을까?"라는 표현은 사람들에게 심리적인 안정감을 준다. 마찬가지로 브레인스토밍을 할 때도 답답한 사무실에 앉아 있는 것보다 밖에 나가거나 산책하는 게 도움이 된다. 아이디어는 몸을 움직일 때 더 잘 떠오른다.

 사람들이 어떤 대우를 받길 원할지 그리고 과거에 어떤 상황에서 좋은 대화가 이루어졌는지를 떠올려보자. 중요한 건 '환경'이다. 환경은 우리 생각보다 행동에 더 큰 영향을 준다. 그렇기에 많은 치료 전문가가 따뜻한 분위기의 치료실을 사용하고, 창작 부서가 똑같은 건물에 둘러싸인 빌딩 숲을 사무실로 선택하지 않는 것이다.

자서전
작가가 돼라

내가 아는 대화를 잘하는 사람들의 목적은 상대의 이야기를 배우는 것에 있다. 이 목적을 달성하기 위해 흔히 권하는 방법으로는 "그래서 당신의 이야기는 무엇인가요?"라고 질문을 던지는 것이다. 그럴듯한 방법이긴 하다. 내 친구 중에도 효과를 본 사람도 있다. 당신은 어떨지 모르겠지만(물론 면접에서 많이 하는 "당신의 이야기를 해보세요"와 같은 질문에 잘 대답하는 방법을 아는 것도 중요하다), 나는 만난 지 얼마 되지 않은 사이에 이런 질문을 받으면 항상 불편했다. 여러 명이 모여 있거나 시선이 나에게 집중될 때면 특히 더 불편했고, 주목받는 건 나에게 적합하지 않았다. 게다가 친구들이나 심지어 수백, 수천 명의 독자들에게 이런 질문에 대해 어떻게 생각하는지 물어보아도 대체로 불만을 털어놓았다. 내밀한 질문을 너무 빨리한 것이 문제였다. 상황에 따라서는 어디서부터 시작해야 할지 모를 때가 있다. 그러니 상대방에게 바로 관심을 쏟아내기보다는 천천히 유도해야 한다는 점을 명심하라.

사람을 만날 때는 그 사람의 자서전을 천천히 짜맞춰 간다고 생각해 보자. 가벼운 인사를 주고받은 다음, 상대가 답하기 쉬운 질문을 던지고 그들의 경험과 관심, 취향에 대해 알아가며 당신과 공통점이 있는지 알아본다.

음식이나 여행처럼 대화가 이어질 수 있는 일반적인 주제부터 시작한다. 고등학교 때 어떤 음악을 들었는지 물어보면 그때를 곱씹어보게 만드는 한편, 그들의 취향이 어떻게 변했는지 알게 되는 계기도 된다. 지금 무슨 일을 하고 있는지 묻는 것보다 대학교에서 어떤 공부를 했는지 물어보는 것도 비슷한 결과를 얻는다. 수줍은 어린 시절에 관한 멋진 글을 썼고, 현재 커뮤니케이션 코치로 일하고 있는 내 친구 메이 팡(May Pang)은 대화가 흐지부지 흘러갈 때 대화에 활기를 불어넣기 위해 사람들에게 어린 시절의 첫 번째 기억에 대해 물어보곤 한다. 그녀는 그 기억이 좋은지 나쁜지 규정하지 않고 상대방이 그 질문을 곰곰이 생각해 볼 시간을 준다.

그 외에도 다양한 선택지가 있는데, 만약 내 이야기를 전 세계가 들을 수 있다면 어떤 주제를 말하고 싶은지 물어볼 수도 있고, 그만둔 것을 후회하는 취미가 있는지 물어보는 것도 좋다. 이런 질문은 상대에게 관심 있는 주제나 어렸을 때 무엇을 좋아했는지에 대해 털어놓게 만든다. 그다음 조금 더 구체적인 질문을 이어나가면서 그 사람의 배경이나 경험에 깊게 파고들 수 있다.

내 친구이자 타고난 스토리텔러인 토드 브리슨(Todd Brison)은 이런 멋진 말을 했다.

"내성적인 성격인 나에게 각각의 사람들은 하나의 사람이 아니라 몇십 년에 걸쳐 만들어진 살아 있는 이야기로 바라보는 건 큰 도움이 되었다. 내가 할 일은 그 이야기를 끌어내는 것뿐이다."

하지만 한 번에 모든 정보를 얻어야 필요는 없다. 자서전 작가들은 몇 년에 걸쳐 주인공을 조사하고 그의 이야기를 조금씩 수집한다. 그 사람의 경험을 잘 기억해 두었다가 "지난번에 말씀하신 이야기 말인데요"라면서 단순히 듣기만 하는 게 아니라 그 이야기에 관심이 있고 더 알고 싶다는 마음을 보여준다. "내가 이 사람에 대해 전에는 알지 못했던 새로운 것을 배울 것이다"라는 마음가짐으로 대화에 참여하면 당신의 인간관계는 큰 변화를 만날 것이다.

트램펄린이 돼라

많은 사람이 그랬듯 나도 듣기의 훌륭한 진가를 알아보기 시작했을 때 상대에 관한 가능한 한 많은 정보를 스펀지처럼 빨아들이라는 조언을 철석같이 따랐다. 그러나 리더십 전문가 잭 젱거(Jack Zenger)와 조셉 포크먼(Joseph Folkman)은 그걸로는 충분하지 않다고 말한다. 그들은 〈하버드 비즈니스 리뷰〉에 실린 '훌륭한 경청자가 실제로 하는 행동'이라는 제목의 기사에서 일반적인 경청자와 훌륭한 경청자를 구분하는 특징적인 요소를 파악하기 위해 3,492명의 참여자들의 의견을 모았고, 그 내용은 다음과 같다.

"많은 사람이 훌륭한 경청자가 되려면 상대가 한 말을 스펀지처럼 그대로 받아들여야 한다고 생각하지만, 여러 연구에서 훌륭한 경청자는 트램펄린과 비슷했다. 그들은 당신이 한 말과 에너지를 흡수하기보다는 생각을 주고받으며 사고의 폭을 넓혀주고 활기를 불어 넣으며 생각을 분명하게 해준다. 그들은 단지 수동적으로 정보를 흡수하는 게 아니라 능동적으로 지지해 준다. 마치 트램펄린 위를 뛰는 것처럼 당신은 에너지를 얻고 시야를 높일 수 있다."[1]

당신은 어떨지 모르겠지만, 나는 트램펄린이라는 이미지가 마음에 든다. 대화를 나누는 사람의 기분을 좋게 하고 대화의 질을 높여준다는 이미지가 강력하게 와닿는다. 트램펄린처럼 통통 튀는 대화를 위한 질문들은 다음 장에서 자세히 살펴볼 예정이지만, 일단 여기에서는 쌍방향 대화를 해야 한다는 점을 기억하도록 하자. 상대가 자기 생각을 고민할 여유를 만들어주는 데 그치지 말고, 사려 깊은 질문을 던지고 주제와 관련된 당신의 경험을 공유하면서 당신의 생각을 되받아치자.

똑똑한
앵무새가 돼라

내 친구이자 내가 만난 최고의 경청자인 닉 위그널(Nick Wignal)이 심리학자가 되기 위해 공부를 시작했을 때, 그는 '반사적인' 듣기를 하라는 말을 싫어했다. 하지만 얼마 지나지 않아 곧 그 가치를 알아보게 되었다. 반사적인 듣기란 단순히 상대가 한 말을 되풀이하는 것이 아니라 들은 이야기를 요약하는 것을 말한다. 그러니까 1 더하기 1을 할 수 있는 똑똑한 앵무새가 되는 것이다.

예를 들어, 어떤 사람이 자기 상사가 얼마나 끔찍한지 또는 해야 할 일이 얼마나 많은지 털어놓는다면, 그들의 감정을 무시하거나 내가 더 힘들다고 이야기하거나 해결책을 제시하기보다는 방금 들은 이야기를 요약하는 것이다. 이런 식으로 말하면 된다. "…때문에 지금 네가 난처한 것 같아" 또는 "…을 들으니 네가 해야 할 일이 너무 많은 것 같아"다.

우리는 그들의 상황에 집중하는 게 아니라 그들의 감정을 이해하고 공감해야 한다. 사람들은 문제 해결을 좋아한다. 누군가가 걱정과 고민거리를 털어놓으면 우리는 문제에 뛰어들어 도움을 주고 싶어 한다. 하지만 좋은 의도로 시작했음에도 우리의 조언이 역효과가 날 수 있고, 사람들은 그냥 털어놓고 싶은 경우도 많다. 닉은 상대가 대화를 원하는지 조언을 원하는지 알 수 있는 강력한 단서가 있다고 했다. 만약 조언을 원한다면 그들이 먼저 요청할 것이다.

똑똑한 앵무새가 된다고 생각해 보자. 사람들이 이야기를 꺼내면 틈틈이 들은 이야기를 요약해 주면서 당신이 잘 듣고 있다는 것을 알려주자. "내가 지금까지 들은 바로는…"과 같은 문장을 사용하면 사람들이 정확하게 소통하고 있다는 걸 확인할 수 있고, 그렇지 않으면 좀 더 확실하게 설명할 기회를 주게 된다. 만약 여러분이 상대의 말을 이해하지 못했다면, 애플의 인사 담당 책임자였던 데니스 영 스미스(Denise Young Smith)는 이렇게 말하기를 권한다.

"이런 이야기는 처음 들어서 잘 이해하고 싶어요. 다시 설명해 줄 수 있나요?"

이로써 당신이 상대의 이야기에 신경 쓰고 있다는 것을 알릴 수 있다.

나는 닉과 이야기를 나누기 전에는 반사적인 듣기가 내 직업에서 큰 부분을 차지한다는 사실을 깨닫지 못했다. 나는 평소 사람들이 어떤 문제에 대해 어떻게 느끼는지 이해하고, 복잡한 생각을 단순화할 수 있게 도와준다. 이런 상호작용 속에서 어느 쪽이든 진전이 이루어지려면 나의 제자와 고객들은 지금 충분한 관심을 받고 있다는 것을 느껴야 한다. 그들에게 들은 이야기를 정리해 주면 내가 그들을 잘 이해하기 위해 적극적으로 대화에 임하고 있는 동시에 그들이 자유롭게 말하고 자기 자신을 더 잘 표현할 수 있게 노력한다는 걸 보여준다.

사람은 누구나 인정받기를 원한다. 닉은 인정받는다고 느끼는 순간, 아무리 상황이 나빠도 좋은 일이 일어난다고 이야기한다.

가장 중요한 건
침묵할 줄 아는 것

다른 사람의 이야기를 잘 듣는 사람은 말하기 전에 충분히 생각하고, 전혀 말할 필요가 없는 순간도 잘 파악한다. 세 번의 스타트업을 창업했던 워런 섀퍼(Warren Schaefer)와 처음 만나 무엇이 요즘 사람들의 듣기를 방해하는지에 대해 논의할 때 그가 했던 말에 나는 전적으로 동감했다.

"우리 사회는 침묵의 문제가 있습니다."

워런은 사람들이 침묵을 불편해하고 즉시 맞장구쳐야 할 것 같은 기분을 느낀다고 덧붙였다. 원하지도 않은 충고를 주거나 누군가의 생각을 마무리 짓거나 침묵이 만들어내는 불편함을 회피하기 위해 핸드폰에 손을 뻗고 싶은 욕구는 언제나 존재한다. 하지만 우리에게는 이야기를 소화하고 그 사람의 배경을 더 잘 이해하기 위한 시간이 필요하고, 그들에게는 생각과 감정을 충분히 표현할 시간이 필요하다. 상대가 당신의 질문에 즉시 대답하지 않는다고 해서 그들에게 답이 없다는 뜻은 아니다. 그들은 자기 생각을 가장 잘 표현하기 위한 방법을 찾고 있을 수도 있다. 인생은 질문을 들으면 즉시 아무 정답이라도 외쳐야 하는 퀴즈쇼가 아니다. 침묵이 만들어주는 공간은 우리에게 아주 중요하다.

어떻게 하면 상대가 자기 자신을 더 잘 드러낼 수 있을지 생각해 보자. 그들을 관찰해 보자. 상대의 이야기에 귀를 기울이면 관계가 형성되며, 상대가 무엇을 중요하게 여기는지 이해하기 위해 노력할 때 우리가 가장 큰 영향력을 발휘한다는 사실을 명심하자. 주위 사람의 말에 더 경청할수록, 또 그들의 이야기를 더 궁금해할수록 우리의 세계가 가장 잘 충돌할 방법을 찾을 수 있다.

허재필 연작시

가져라

호기심을

큰 인기를 끈 드라마 〈테드 래소(Ted Lasso)〉의 한 장면을 보면서 수첩과 펜을 꺼낼 수밖에 없었다. 이 드라마는 미국의 한 대학 미식축구팀 코치인 주인공 테드가 축구에 대해서는 아무것도 모르는 상태로 영국의 한 축구팀 코치로 발탁되면서 일어나는 이야기를 담고 있다. 테드 래소를 그려보면, 〈심슨 가족〉 애니메이션에서 콧수염이 인상적인 네드 플랜더스를 닮은 얼굴에, 베스트셀러 《스타트 위드 와이(Start With Why)》의 저자인 사이먼 사이넥의 말투에 유머를 더했다고 상상하면 된다. 테드는 공감 능력이 높고, 재치가 넘치는 최고의 이야기꾼이다.

내 눈길을 사로잡은 드라마 속 악역은 축구 구단의 이전 소유주인 백만장자로, 그는 이혼 위자료로 구단을 빼앗기고 만다. 축구 구단을 떠날 수 없었던 그는 이사회에 발언권을 유지하기 위해 새로운 여자 친구에게 거액을 주며 구단 소유권을 사도록 했다. 테드가 서서히 몇몇 선수와 팬들을 자기편으로 만드는 반면, 악당은 그를 조롱의 대상으로만 보며 테드가 구단을 망치고 있다고 믿는다.

그러던 어느 날 테드와 백만장자 두 사람은 동네 술집에서 다트 게임을 통해 합의를 보기로 한다. 만약 백만장자가 승리하면 올해 남은 두 번의 경기에서 자기가 원하는 대로 선발 선수를 고를 수 있었고, 테드가 승리하면 악역은 자취를 감추고 더 이상 전 아내의 심기를 거스르지 않아야 했다.

다트 게임은 팽팽한 접전을 벌였다. 마지막 판에 들어서면서 백만장자의 점수가 테드를 앞섰다. 테드가 이기려면 남은 세 발로 트리플 20점 두 번과 불스아이 한 번을 맞혀야 했고, 이건 결코 쉬운 일이 아니었다. 백만장자는 이미 자신의 승리를 확신했다. 하지만 그때, 다트를 던질 준비를 하던 테드가 여느 때처럼 이야기를 들려주기 시작한다.

"평생 사람들은 나를 얕잡아보곤 했어요. 그리고 오랫동안 그 이유를 깨닫지 못했죠. 그게 항상 마음에 남아 있었어요. 그러던 어느 날 차로 아이를 학교에 데려다주던 길에 월트 휘트먼의 명언을 보았어요. 벽에 이렇게 쓰여 있더군요. '섣불리 판단하기 전에 호기심을 가져라.' 전 그 말이 마음에 들었어요."

말을 마친 테드가 다트를 던졌고, 다트는 트리플 20에 꽂혔다. 지켜보던 사람들은 열광하기 시작했다. 테드가 말을 이었다.

"그리고 다시 차를 타고 직장으로 향하는 길에 번뜩 이런 생각이 들었어요. 나를 무시하던 친구들 모두, 그 누구도 호기심이 없었다는걸요. 당신도 알다시피, 아이들은 모든 걸 다 알고 있다고 생각했고, 그래서 모든 걸 판단하고 모든 사람을 판단한 거죠. 그리고 제가 깨달은 건, 그 친구들이 얕잡아본 사람과 진짜 나는 아무 관계가 없다는 거였어요. 만약 그들이 호기심이 있었다면 물어봤겠죠. '테드, 다트 게임 좀 해봤어요?' 이렇게요."

테드는 침착하게 다트 한 발을 더 던졌고, 이번에도 트리플 20에 정확히 꽂혔다.

"그럼 저는 '네, 열 살부터 열여섯 살에 아빠가 돌아가시기 전까지 일요일 오후마다 아빠와 술집에서 다트 게임을 즐겼어요'라고 대답했겠죠."

그리고 테드는 목표를 조준하고는 그의 트레이드마크인 "바비큐 소스"[1]를 중얼거리면서 불스아이에 다트를 꽂아 넣었고, 이를 지켜보던 관중은 함께 환호를 질렀다.

섣불리 판단하기 전에 호기심을 가져라

테드는 장점이 많은 사람이다. 일단 테드는 매력적이다. 그는 사람들의 이름을 기억하는 게 중요하다는 걸 안다. 또 이야기를 어떻게 풀어가야 하는지도 알고 있다. 테드는 사람들이 곁에 두고 싶어 하는 친구이자 상사였기 때문에 이 드라마가 방영됐을 당시 관련 기사가 쏟아졌던 건 당연한 일일 것이다.

테드는 처음에는 축구에 대해 아무것도 몰랐지만, 그는 자존심을 내세우지 않았고 장비 관리인인 키트맨으로부터 전문 지식을 배우면서, 인간적인 리더십을 계속해서 보여주었다. 하지만 아마 그의 가장 훌륭한 자질은 모든 사람에게서 최고의 모습을 발견하고 그들의 약점을 최소화하고 강점을 끄집어낸다는 점일 것이다. 한마디로 말하면, 그를 만나는 사람들은 자기 자신에 대해 전보다 더 자신감을 느끼게 된다. 테드가 이런 성과를 낼 수 있었던 건, 미식축구 코치가 영국 다트에서 승리할 거라고는 상상도 못 했던 악역과 다르게 대화 상대가 상사든 축구장 관리인이든 심지어 언론이든 언제나 호기심을 가지고 있었기 때문이었다.

당신에게도 분명 다트 게임 장면 속 테드 래소처럼 관심을 받지 못하거나 존중받지 못한다고 느꼈던 순간이 있었을 것이다. 사람들이 멋대로 당신을 판단하고, 얕잡아보고, 무례하게 대했던 적도 있었을 거라고 확신한다. 아마 그건 당신의 인종이나 나이, 국적, 외모, 억양, 스타일, 문신, 또는 누군가는 발음하는 법을 배울 생각조차 없는 이름 때문일 수도 있다. 어쩌면 남을 비난하는 쉬운 방법을 선택한 누군가에 의해 당신의 일이나 가치관, 믿음이 비판받았기 때문일 수도 있다.

물론 나라고 해서 다른 사람을 판단하지 않는다는 건 아니다. 나도 다른 사람을 판단하고, 당신도 마찬가지다. 인간이라면 당연한 행동이다. 우리는 아이들에게 편견 없이 사람을 바라보고 함부로 판단하지 말라고 말하며 '겉모습으로 사람을 판단하지 말 것'이라고 가르친다. 하지만 이런 진부한 표현으로는 사람의 행동을 전부 설명하지는 못한다. 우리는 적극적으로 상대를 판단한다. 늑대와 사자, 약탈의 위협이 있던 시대에 상대를 판단하지 않는 사람은 오래 살아남지 못했다. 지금 인류는 역사상 가장 많은 판단을 내린 사람들의 자손이라고 볼 수도 있다.

그러나 현대인에게 가장 큰 관심거리는 생존보다는 번영에 있다. 물론 가끔은 몸과 뇌가 보내는 신호를 우선시할 필요가 있다. 하지만 일상적인 상호작용을 할 때는 사람들에게 공정한 기회를 주기 위해, 판단을 아예 안 한다기보다는 잠시 보류하는 경우도 필요하다. 즉, 배리 다브렛(Barry Davret)이 글쓰기 플랫폼 미디엄(Medium)에서 발행한 훌륭한 표현을 빌리자면, "신중하게" 판단해야 한다.[2]

어떤 상황에서든 확신할 수 있는 한 가지 사실은 우리가 확신할 수 있는 건 아무것도 없다는 것이다. 우리는 찰나의 순간을 볼 뿐 전체를 알지는 못한다. 온화한 미소로 다가오는 사람이 연쇄살인범일 수 있고, 반면 어두운 밤 공원에서 마주친 선글라스를 쓴 문신이 있는 사람이 시각장애인일 수도 있다. 정확한 결론을 내리기에는 우리가 받은 최초의 정보가 충분하지 않다. 위협이 느껴지는 사람에게 바로 방어막을 거두라는 의미는 아니다. 우리가 느끼는 직감은 귀담아들을 만한 이유가 있다. 하지만 잠깐 한발 물러서서 모든 사람은 첫 번째, 두 번째, 심지어 세 번째 눈에 보이는 것보다 보여줄 게 훨씬 많다는 사실을 잊지 말아야 한다. 사람은 누구나 첫인상에서 보이는 것보다 더 깊은 내면이 있으며, 관심받고 존중받고 싶은 욕망이 있다.

내가 커뮤니케이션과 리더십을 가르친다는 사실을 알게 되면 사람들은 내게 자신감 넘치고, 힘이 넘치는 모습을 기대한다. 하지만 그들이 만나는 모습은 정반대다. 나는 자주 말을 더듬고, 자신감이 넘치는 성격도 아니고, 많은 사람이 모이는 자리에서는 구석에 있는 게 편하다. 아마 어떤 사람은 내 방광에 문제가 있다고 생각할 수도 있다. 모임에 참석할 때면 화장실에서 오랜 시간을 보내면서 한숨도 돌릴 겸 핸드폰으로 단어 조합 게임을 즐기기 때문이다.

다행히도 세상에는 의사소통 업계에 (이론상으로는) 있어선 안 될 것 같은 사람이 왜 이 일을 하고 있는지 궁금해하는 사람이 많다. 그런 사람들의 호기심이 나에게 얼마나 큰 영향을 주었는지 표현할 수도 없다. 그러니 우리 역시 다른 사람에게 그런 존재가 되어주어야 한다.

두 통의
이메일

내가 글을 쓰기 시작하고 얼마 지나지 않아 두 명의 독자로부터 정반대의 내용이 담긴 이메일을 받았다. 첫 번째 이메일은 최근에 발행한 내 글이 얼마나 형편없는지 장황한 연설을 늘어놓은 글이었다. 그는 내가 온라인에 내 생각과 경험을 공유하는 것이 부끄러운 짓이라고 말했다. 나의 방식이 모든 사람에게 적합한 건 아니라는 걸 오랜 세월 몸소 느껴왔음에도 그의 말은 나에게 상처를 남겼다. 가장 최악인 건 이메일을 보낸 사람이 내가 아는 사람이었다는 것이다. 내가 미국에 살 때 자주 어울리던 사람이었고, 나는 그가 내 글을 읽고 있는지 비평하고 있는지도 전혀 모르고 있었다.

그가 언급한 글은 대화에서 꺼내지 말아야 할 말에 대해 적은 것이었다. 그는 대화하는 법을 가르치는 사람이 말을 더듬는다는 아이러니를 꼬집었다. 그 글에는 내 의견뿐만이 아니라 다양한 배경을 가진 여러 커뮤니케이션 전문가의 의견도 포함되어 있었음에도 그의 말은 한동안 머릿속에서 떠나지 않았다.

하지만 며칠 뒤, 다른 사람에게서 이메일을 받고 깜짝 놀랐다. 애플의 전 인사 담당 책임자인 데니스 영 스미스가 개인적으로 연락하고 싶다는 메일을 보내온 것이다. 다른 남자가 조롱했던 그 글이 마음에 들었다는 이유였다. 그녀는 내 글을 읽으면서 코넬 테크

대학원에 재직하면서 가르쳤던 '말의 중요성'이라는 수업이 떠올랐다고 했다. 나는 그녀의 이메일을 절대 잊을 수 없다. 나보다 훨씬 성공했고, 전 세계의 누구에게나 연락할 수단이 있는 사람이었지만 그녀는 인터넷에서 마음에 드는 글을 읽고 그 글을 쓴 스페인에 사는 보잘것없는 사람에게 일부러 시간을 내서 메일을 보낸 것이다.

그녀와의 통화를 앞두고 나는 데니스에 관하여 할 수 있는 만큼 조사했다. 〈비즈니스 인사이더(Business Insider)〉에서 그녀를 실리콘 밸리의 가장 영향력 있는 100인 중 한 명으로 선정한 것을 알게 되자 긴장은 더욱 심해졌다. 하지만 데니스와 통화를 마친 후 미리 적어놓은 10여 개의 질문 중에서 겨우 하나밖에 묻지 못했다는 걸 깨달았다. 그녀가 통화하는 내내 자기 이야기를 꺼내는 대신 나에 대한 질문을 쏟아냈기 때문이었다.

상대를 향한 순수한 호기심이 돋보였다. 섣부른 판단은 전혀 없었다. 자존심도 내세우지 않았다. 내가 그녀의 질문에 답하면 그녀는 곧장 나의 동기와 가치관, 이야기의 핵심을 향해 한층 더 깊게 파고들었다. "참 궁금하네요. 그 일에 뛰어들게 된 동기는 무엇이었나요?" 또는 "흥미로워요. 그런 환경에서 일하는 건 어떤 느낌이었나요?" 등이었다.

나는 그녀가 어떻게 백인과 남성이 주를 이루는 업계에서 흑인 여성으로서 그렇게 높은 자리에 도달하고 '최초이자 유일한' 존재가 될 수 있었는지 바로 납득할 수 있었다. 그녀는 나를 세상에 내놓은 용기가 대단하다고 칭찬하며 세상에는 나처럼 이해심 많은 목소리가 필요하다고, 언제든 문이 열려 있으니 연락달라고 했다. 우리는 1,000킬로미터나 떨어져 있었지만 그녀가 바로 내 옆에 앉아 있는 것처럼 가깝게 느껴졌다.

데니스의 호기심을 받으면서 초라한 기분을 느끼게 한 첫 번째 남성의 메일을 다시 되새겨 보았다. 그리고 호기심을 받는 게 얼마나 기분 좋은 일인지 다시금 느끼게 되었다. 호기심을 갖고 질문을 던지면서 상대가 어떤 사람인지 파악하는 게 얼마나 중요한지 다시 한번 깨달았다.

관계 형성을 위해 탐구형 질문을 던지자

사람과 관계를 쌓기 위해서 질문을 던져야 한다는 건 모두가 알고 있다. 하지만 모든 질문이 같은 결과를 주는 건 아니다. 상대에게 호기심이 생길 때 내가 추천하는 질문 유형은 탐구형 질문이다. 개방형 질문과 유사한 탐구형 질문은 대화를 확장시켜 상대의 생각과 신념, 생각, 감정, 경험을 더 깊이 이해할 수 있게 한다. 반대로 폐쇄형 질문은 "네", "아니요" 또는 "모르겠어요"처럼 제한된 답만 들을 수 있다. 탐구형 질문과 개방형 질문의 차이점은 사소하지만 아주 중요하다. 개방형 질문을 하는 사람이 되겠다고 생각하는 것보다 상대를 파고드는 탐구가가 되겠다고 마음먹는 게 훨씬 즐겁기 때문이다.

예를 들어 누군가가 자기 직업에 대해 이야기하고 있다면, 폐쇄형 질문으로는 "직장은 마음에 드세요?"가 있겠지만, 탐구형 질문이라면 "호기심이 드네요. 어떻게 그 분야에서 일하게 되었나요?"라고 할 것이다. 탐구형 질문을 던지는 사람은 이렇게 말한다.

"흥미로워요. 더 이야기해 주세요!"

폐쇄형 질문보다 탐구형 질문이 더 효과적인 이유는 당신이 의도하지 않았더라도 폐쇄형 질문을 받은 사람은 방어적인 태도를 취하게 되고 평가받는다고 느낄 수 있기 때문이다.

당신이 힘든 하루를 보내고 집에 들어가자마자 배우자에게 "저녁은 준비됐어?"라고 묻거나 내 아내라면 분노에 휩싸일 만한 "애들은 아직 안 씻긴 거야?" 같은 질문을 한다고 상상해 보자. 당신이 배우자에게 방어적인 태도를 갖게 할 의도가 전혀 없었더라도 상대가 이 질문에 "아니"라고 답하면 그렇게 느낄 가능성이 커지고, 당신의 배우자는 왜 저녁이 차려져 있지 않은지 변명하게 되거나 당신에게 이혼 변호사를 찾을 필요성을 일깨워줄 것이다.

다음은 상대가 자기 이야기를 꺼내게 만드는 실속 있는 탐구형 질문들의 예시로, 데니스 영 스미스가 대화를 이끌어간 방식도 이와 유사했다.

"궁금하네요. 그런 일을 겪은 기분은 어땠나요?"

"저는 처음 접하는 이야기예요. 그 부분을 자세히 설명해 줄 수 있나요?"

"많은 용기가 필요했겠어요. 동기는 무엇인가요?"

"참 쉽지 않은 길이었겠어요. 호기심이 드네요. 그 자리에 도달하기까지 어떤 과정을 거쳤나요?"

"그건 생각해 본 적 없는 부분이에요. 어떤 점 때문에 그런 선택을 했나요?"

이런 유형의 질문은 상대에게 계속 집중하면서도 그 사람이 추궁받는 기분이 들지 않게 하며, 이로써 상대가 마음을 터놓을 수 있게 된다.

탐구형 질문을 던질 때 꼭 기억해야 할 두 가지 중요한 사항이 있다. 첫째, 아마 위의 질문들이 큰 의미 없는 삽입 어구이며, 일부에서는 전환 어구(예를 들어, "그 부분이 궁금해요", "그렇게 생각해 본 적은 없어요", "흥미롭네요" 등)라고 부른다는 사실을 눈치챈 사람도 있을 것이다. 중간 다리 역할을 하는 표현 없이 바로 질문을 던지면 상대가 갑작스럽거나 불쾌하다고 느낄 수 있다. 전환 어구를 사용하면 대화가 물 흐르듯 이어지는 데 도움이 된다.[3]

둘째, 실제로 흥미를 느끼고 있을 때도 꼭 이 기술을 활용하자. 그래야 상대가 당신이 관심이 있다는 것을 알아채기 쉽다. 그러나 실제로 관심이 있건 없건 "궁금해요"라는 말을 단조로운 말투로 하는 것과 진심에서 우러난 말투로 하는 건 큰 차이가 있다. 당신의 말이 억지로 궁금한 척하거나 심지어는 상대를 업신여기는 것처럼 들리길 원하는 사람은 없을 것이다.

이러한 질문의 가장 큰 목적은 사람들이 서서히 자기 이야기를 털어놓게 함으로써 그들의 이야기를 배우기 위함이다. 일단 그 사람이 어떤 일을 겪었는지, 그들이 왜 그렇게 행동하며 왜 그런 신념을 가지게 되었는지 알게 되면 그 사람이 하는 모든 말과 행동에 동의하지 않더라도 그들에게서 배울 만한 점과 인간적인 모습을 발견할 수 있다.

나약함의
강점

드라마 〈테드 래소〉로 다시 돌아가 보면, 첫 번째 시즌 내내 테드는 망가진 축구팀을 되살려야 하는 불가능에 가까운 임무를 맡는다. 세계 곳곳에서 모인 선수들은 자존심은 물론이고, 출신 배경과 가치관, 원동력이 모두 다르다. 하지만 한 계기로 이 팀에서 변화가 일어나게 된다. 팀원들 사이의 동료애를 돈독히 하기 위해, 또 서로 다름에도 불구하고 모두 같은 목표를 공유한다는 걸 알려주기 위해 테드는 선수들에게 각자 의미 있는 물건을 가져오라고 한 뒤 팀원들 앞에서 그 물건이 소중한 이유를 설명하게 했다.

제일 처음 나선 선수는 팀의 주장을 맡고 있으며 나이가 많은 로이 켄트로, 이름난 냉혈한이지만 곧 선수 경력이 끝난다는 현실을 마주한 인물이다. 로이가 가져온 물건은 담요였다. 아홉 살이라는 어린 나이에 추운 영국 북부의 축구팀에 선발되었을 때 할아버지가 주신 선물이었다. 로이는 낯선 환경이 너무 춥고 무서웠으며, 이 담요가 소중한 건 그때 할아버지를 마지막으로 보았기 때문이라고 말했다.

다른 선수들도 저마다 고향 집 사진이나 자신에게 큰 의미가 있었던 사람의 사진을 보여주었다. 마지막으로 이 팀의 에이스 선수이자 주장인 로이 켄트와 항상 부딪히는 제이미 타르트는 오래된 축구화를 들고나왔다. 제이미는 평소답지 않은 부드러운 목소리로 자기가 "섹시한 작은 꼬마"일 때 엄마가 선물로 주신 축구화라고 설명했다. 엄마는 제이미가 축구를 잘하는지에는 관심이 없었고 그저 아들이 행복하기만을 원했다고 했다. 그래서 자기를 움직이는 힘은 엄마를 자랑스럽게 만드는 것이라고 고백했다. 점차 축구 실력이 늘면서 자기가 골을 넣을 때마다 아빠는 친구들에게 아들 자랑을 했고, 경기를 장악하지 못했을 때는 제이미에게 "나약하다"라고 탓했다. 제이미는 그 말이 너무 싫었다고 했다. 그는 아빠가 다시는 자기를 나약하다고 말하지 못하도록 강해지기로 다짐했다. 진심 어린 이야기를 마친 제이미는 머뭇거리며 말을 이었다.

"가끔은 엄마를 자랑스럽게 하고 싶었던 마음을 잊은 건 아닌

지 모르겠어. 요즘 들어서는 엄마가 그랬던 적이 없는 것 같아."

 속 깊은 이야기를 나누면서 선수들이 서로를 공감의 눈으로 바라보게 되자 팀 분위기가 달라진다. 그러나 여기에서 말하는 공감이란 누군가의 상황에 연민이나 동정을 느끼는 공감이 아니라 존중과 이해에 뿌리를 둔 공감이다. 그리고 통제받고 싶지 않은 사람의 마음을 이해하는 공감이다. 사람은 누구나 온전한 관심을 받고 싶고 존재를 인정받고 싶어 한다.

 이러한 팀의 변화가 곧장 세계 제패로 이어지지는 않는다. 하지만 선수들이 자신의 나약함을 드러낸 덕분에 하나의 공동체로서 전진하기 위해 절실히 필요했던 첫 발걸음을 내디딜 수 있었다. 상대의 의견에 반기부터 들었던 이들이 서로를 위해 양보하기 시작했다. 그리고 인내심도 더 커졌다. 물론 주장 로이 켄트와 슈퍼스타 제이미 타르트가 서로의 신경을 건드리는 순간도 있었다. 하지만 팀원들이 자기의 이야기를 털어놓으면서 서로의 인생에 호기심이 생겼고, 상대를 진심으로 도와주고 싶은 마음이 피어났다.

 이야기는 사람과 사람 사이를 연결해 준다. 이야기는 세계에서 가장 튼튼한 다리다. 다른 사람의 이야기에 귀를 기울이면 그들이 우리와 비슷할 뿐만 아니라 완전히 닮아 있다는 것을 발견하게 된다. 우리는 모두 각자의 경험이 뚜렷이 드러나는 두려움과 열망, 목표, 가치관, 감정으로 가득 찬 인간이며, 세상에 선한 일을 하고 싶다는 염원이 있다는 걸 깨닫게 된다. 저마다 배경과 꿈, 직함은 다양해도 우리는 똑같은 일을 한다. 그건 바로 이야기가 일어날 수 있는 무대를 만드는 것이다. 그리고 이 모든 건 결국 다른 사람의 경험에 대한 판단이 아닌 호기심에서 비롯된다. 로이 켄트와 제이미 타르트의 관계가 바뀌었던 것처럼 다른 사람의 이야기를 알게 되면 상대를 비난하기 어려워진다.

판단하는 순간 기회를 놓친다

내가 수업하는 학교는 집에서 90분 정도 떨어져 있다. 수업을 하러 갈 때마다 총 다섯 시간 동안 수업을 준비해야 하고, 이동하는 시간, 밥 먹는 시간, 주차하는 시간까지 포함하면 아마 수업으로 버는 것보다 들어가는 비용이 더 많을 것이다. 그런데도 이 일을 놓지 않는 이유는 무엇일까? 더 많이는 아니어도 내가 가르치는 것만큼 나도 학생들에게 배우는 게 있기 때문이다. 만약 그렇지 않았다면 분명 이 일을 맡지 않았을 것이다.

가장 최근 수업에서는 37개국에서 온 43명의 학생을 가르쳤다. 아이슬란드, 나이지리아, 이탈리아, 불가리아, 캐나다, 이란, 콜롬비아, 이집트, 루마니아 등 이들의 출신지는 매우 다양했고, 이 나라 중에는 체제가 기울었거나 완전히 붕괴한 곳도 있었다.

각자의 이야기를 풀어낼 만한 무대를 마련하고 분위기를 조성하기 위해 나는 첫 수업을 시작하기 전에 환영한다는 인사와 함께 나의 개인적인 이야기와 나에게 닥친 역경을 자세하게 적어 메일을 보낸다. 그리고 링크드인(LinkedIn) SNS에 나를 친구 추가하도록 해 학생들의 간단한 배경을 살펴보고 그들도 나에 대해 참고할 수 있도록 한다. 마지막으로 모든 수업이 그랬던 건 아니지만 이른 숙제 겸 (학생들이 불편해한다면 아예 권하지 않았다) 다음 세 가지 질문의 답을 생각해 오라고 한다.

- ✦ 당신의 인생에서 (좋든 나쁘든) 가장 결정적인 순간은 언제인가요?
- ✦ 당신이 지금 하는 일을 지속하게 만드는 이유 또는 원동력은 무엇인가요?
- ✦ 당신의 인생에서 도움이 된 사람이나 충고가 있다면?

메일을 끝내며 이 수업의 목표는 내가 어떻게 해야 하는지 알려주는 게 아니라 우리가 함께 노력해서 서로의 강점을 끌어내고 각자가 마주한 높은 장애물을 깨부수는 것이라고 알려준다.

그리고 첫 수업이 시작되면 나는 조금 더 자세히 내 소개를 한다. "제 이름은 마마, 마이클이고, 예전에는 모모, 모기지 대출을 팔았어요"라고 말하며 지금껏 내가 받은 크고 작은 상처에 관해 이야기한다. 내가 먼저 개인적인 이야기를 꺼내면 학생들이 나도 어려움을 겪은 똑같은 사람이라는 걸 쉽게 받아들이기 때문이다. 그리고 마지막으로 아무리 많은 수업을 가르쳐도 사람들 앞에 서는 건 항상 두렵다고 고백한다. 거짓말이 아니라는 걸 보여주기 위해 떨리는 손과 땀에 흠뻑 젖은 손바닥을 보여준다.

그들을 도울 수 있는 사람이라는 인식을 심어주기에는 조금 이상한 방법이라고 생각할 수도 있다. 하지만 나를 솔직하게 드러내면 놀라운 일이 일어난다. 학생들도 서서히 자기의 경험을 이야기하게 된다. 각자의 이야기를 꺼내다 보면 선입견이나 판단은 창문 밖으로 날아가 버리고 교실 안은 호기심으로 가득 찬다.

한번 생각해 보자. 레바논의 수도 베이루트 출신의 수줍음 많은 스물다섯 살 남자가 안정적인 직업을 그만두고 폭발 사고로 폐허가 된 도시의 재건축을 위해 봉사하고 있다는 이야기를 들으면 어떤 생각이 들까? 우크라이나에서 전쟁이 시작된 후 집을 떠나야 했던 젊은 러시아계 여성이 살아남기 위해 이웃 나라 주민들의 관대함에 기대야 했고, 어느 곳에서든 합법적으로 살 수 있도록 그녀를 받아줄 학교를 찾기 위해 고군분투했다면 어떨까?

45세의 인도 남성이 가족을 두고 홀로 스페인에 공부하러 왔으며 아내와 자녀들을 선진국으로 데려오기 위해 직장을 구하고 있다면? 최근 아버지를 잃고 직장을 그만둔 알바니아 출신의 젊은 여성이 다시 힘을 얻기 위해 바르셀로나에 와서 공부하고 있다는 이야기를 들으면 어떨까? 스물세 살의 시리아 남성이 전쟁에 자원하기 위해 직업을 그만두었다면 어떨까? 그 이유를 묻자, 그는 이렇게 말했다.

"우리는 자원합니다. 그게 우리가 하는 일이에요. 공동체가 우리의 전부죠."

이 사람들의 이야기를 듣고 나면 당신은 그들을 어떻게 생각할까? 그들을 새로운 시선으로 바라보게 되지 않을까? 만약 당신이 나와 비슷한 생각을 가진 사람이라면 '용감한', '담대한', 그리고 무엇보다도 '영웅'이라는 단어가 떠오를 것이다. 이건 당신이 매일 지나치는 사람들의 실제 이야기다. 사람들이 당신이나 나와 비슷한 구석이 없는 것 같지만, 한편으로는 매우 비슷하기도 하다. 역경과 난관을 극복한 사람들도 때로는 겁을 먹는다. 하지만 스스로 무언가를 만들어냈고 자랑스러워할 수 있는 인생을 살기 위해 열심히 싸우고 있다.

학생들에게 인생 이야기를 들려달라고 하면 대부분은 특별한 게 없다고 말한다. 그러나 그들에게 왜 바르셀로나에 왔는지와 같은 간단한 질문을 던지면 사람들의 답변에 저마다의 경험이 고스란히 드러나기 때문에 누구나 자기만의 이야기가 있을 뿐만 아니라 국경을 초월하는 이야기가 있다는 걸 알 수 있다.

내 직함은 아마 '리더십과 커뮤니케이션 강사'쯤 될 것이다. 하지만 내 실제 역할은 관심을 주는 것에 불과하다. 나의 학생들이 자기가 어떤 사람인지, 어디 출신인지, 무엇을 위해 싸우고 있는지 드러낼 수 있는 자리를 만들어준다. 내 목표는 모든 학생이 자신의 타고난 가치를 알아보고 서로의 강점을 끌어낼 수 있는 안전한 환경을 제공하는 것이다. 이미 그들은 지금 모습 그대로도 강한 사람이기 때문이다.

어쩌면 언급한 학생들의 예시가 극단적이라고 생각할 수도 있다. 일부는 그렇기도 하다. 하지만 우리는 모두 자기만의 이야기가 있고, 그렇다는 건 전 세계 사람들 모두가 이야기가 있다는 의미가 된다. 부유한 가정에서 자란 사람은 부모님의 그늘에서 벗어나 독립할 용기를 얻기 위해 애쓰고 있을 수도 있다. 아니면 사랑하는 사람을 암으로 잃었기 때문에 의료 분야에서 일하겠다는 목표를 가진 사람도 있을 것이다. 아니면 나처럼, 어릴 때부터 무시당한 경험이 많아서 주변 사람은 그런 기분을 느끼지 않도록 열심히 노력하고 있을지도 모른다.

자기만의 이야기를 써 내려가기 위한 최고의 방법은 다른 사람의 이야기를 듣는 것임을 명심하자. 가장 편안한 무대를 만들어라. 그리고 당신이 만나는 사람들의 이야기를 탐구해 보자. 그들의 가치관과 원동력, 심지어는 그들을 가장 괴롭히는 건 무엇인지 물어보자. 그 안에는 신중하고 배려심 있는 태도로 파헤쳐지길 바라는 말하지 못한 이야기가 숨어 있을 수도 있다.

다른 사람의 이야기를 끄집어내려면 엄청난 힘이 필요하지만, 그 힘은 카리스마나 자신감에서 나오는 건 아니다. 그보다는 호기심을 가장 중요한 가치로 여기는 원칙을 받아들일 때 발현된다.

또한 상대에게 온전한 관심을 줄 때, 상대의 이야기에 귀를 기울이고 질문을 던질 때 그 힘을 얻는다. 사람과 진짜 관계를 쌓을 수 있는 질문을 던져야 한다. 예를 들면 이런 질문 말이다.

"테드, 다트 좀 던져봤어요?"

네 번째 원칙

더하기를
찾아라

시계를 보면서 나는 시간을 계산했다. 만약 저 친구가 10분 제한 시간을 넘기면 나는 고등학교 2학년 역사반 학생들 앞에서 발표하지 않아도 됐다. 친구의 발표는 8분을 넘어가고 있었다.

"힘내, 친구야."

나는 마음속으로 간절하게 외치며 다리를 덜덜 떨었다.

"멈추지 말고 계속해! 그 흥미로운 마거릿 대처의 인생 이야기를 더 해달라고!"

시계 초침은 한 바퀴를 더 돌았다. 9분이 지났다.

"계속해."

10분이 지났다.

"멈추지 마."

11분이 지났다.

"바로 그거야."

12분이 지났다.

"오늘은 내 인생 최고의 날이 될 거야!"

12분이 된 순간, 선생님이 발표를 해야 한다고 통보한 순간부터 나를 짓누른 온갖 스트레스와 불안감이 눈 녹듯 사라졌다. 하지만 황홀한 기분에 휩싸이자마자 나는 곧장 땅으로 곤두박질치는 기분이 들었다.

"톰슨."

선생님이 외치는 소리가 귀를 파고들었다.

"네 차례다. 얼른 발표를 끝내자꾸나."

발표하는 건 물론이고, 수업 중에 이름이 불리기만 해도 나는 의식을 잃는 느낌이 들곤 했다. 금발 머리에 대비되어 얼굴이 소방차처럼 새빨개지면 내 모습은 보기만 해도 식욕이 떨어지는 화이트초콜릿을 묻힌 딸기 같았다. 가끔은 숨 쉬는 법을 까먹은 것처럼 호흡이 거칠어졌다. 그건 그날도 예외는 아니었다.

이날의 끔찍한 경험은 그 이후로 '발표'라는 말을 들을 때마다 몇 년 동안이나 나를 끈질기게 따라다녔다. 사람들 앞에서 말하는 건 나에게 고문 그 자체였다. 내 차례를 지나칠지 모른다고 안도했던 것도 잠시 곧이어 엄청난 좌절이 밀려오자 나는 한층 더 심하게 말을 더듬었다. 교실 앞으로 걸어가면서 내 입은 털털거리는 기관총으로 변했다. 정신을 차리고 보니 나는 쉴 새 없이 떠들어대고 있었다. 가능한 한 이 형벌을 빨리 끝내고 싶었지만, 몇 단어에서 말을 더듬으면서 입이 얼어버렸고 나에게는 몇 분이 마치 몇 시간처럼 느껴졌다.

설상가상으로 이 수업은 금요일 오후의 마지막 수업이었다. 나의 발표가 친구들의 즐거운 주말 계획을 갉아먹고 있었고, 결국 내 발표는 18분이 지나서야 끝났다. 친구들은 내 발표가 끝나자마자 교실을 뛰쳐나가며 이렇게 말했다.

"버스 놓치면 안 되는데!"

좋은 점 기억하기

언어 치료사의 도움을 받은 것 외에도 그날의 기억과 고등학교와 대학교 내내 겪은 그와 비슷한 셀 수 없이 많은 순간이 원동력이 되어 나의 대화 기술이 향상했다고 말할 수 있다면 참 좋겠지만, 현실은 그렇지 않았다. 발표를 끝냈다는 사실에 안도한 나는 축하하는 의미로 그 사건을 잊으려고 노력했다. 하지만 여기에서 유일한 문제는 도저히 잊을 수 없었다는 것이다. 그런 경험이 쌓일수록 점점 더 나를 갉아먹었다.

하지만 그건 단순히 발표의 문제가 아니었다. 직장 면접처럼 주목받는 상황이나 길에서 만난 낯선 사람과 대화를 나누는 생각만 해도 불안감이 나를 덮쳐왔다. 마치 내가 단어 하나를 더듬을 때마다 온 세상이 움직임을 멈추고 나만 쳐다보는 기분이었다. 나는 그게 너무 싫었다. 주변 사람들이 나를 보며 '얘한테 무슨 문제라도 있는 거야?'라고 생각할 것 같았다. 나는 앞으로 인생을 어떻게 헤쳐나가야 할지 막막했고, 내 감정을 표현하는 게 두려웠다. 대화를 나눈 뒤에는 무슨 말을 해야 했는지 또 어떻게 말해야 했는지를 머릿속에서 계속 곱씹었다. 어른의 세계에서는 은근슬쩍 피해 갈 수 없다는 걸 잘 알았다. 인생에서 무언가를 해내기 위해선 말하기가 중요하다는 건 누구나 아는 사실이니까 말이다.

내성적이고 말 더듬는 내가 영업 일을 한다는 걸 알면 사람들은 용감하다고 칭찬한다. 그들의 말에 동의하는 편이면서도 약간 정정해야 하는 부분이 있다. 나는 23년 동안 말을 더듬다가 하루아침에 영업 일을 선택한 게 아니다. 대학을 졸업하고 영업직에 몸담기 전까지 나는 실용적이고 현실적인 몇 가지 조언을 얻으면서 의사소통 능력을 키우기 위해 친구들 앞에서 실수 없이 완벽한 발표를 할 필요가 없다는 사실을 깨닫게 되었다. 집을 벗어나지 않고도 심지어는 말 한마디하지 않고도 말하기 능력을 발전시킬 방법이 아주 많았다.

내가 나를 어떤 분야의 전문가라고 생각하는 날이 올지는 모르겠다. 나는 내가 호기심 많은 학습자라고 생각하며, 앞으로도 쭉 그러길 바란다. 하지만 하나의 전문성을 인정한다면 아마 그건 사람들의 주목을 받을 때 불안감이나 실패에 대한 두려움에 압도당하지 않기 위해 겉으로 드러나지 않은 본질에 집중하는 것이라고 생각한다.

나는 사람들 앞에서 말하거나 수업할 때 여전히 긴장한다. 지금은 그 점을 고맙게 생각한다. 그건 내가 관심이 있다는 의미이기 때문이다. 그리고 실수하지 않기 위해 많은 준비를 하거나 두려워도 도망치지 않는 건 관심이 있다는 걸 보여주는 나만의 방식이다. 내가 어떤 말을 해야 하는지 알고, 앞으로 무슨 말을 해야 할지 걱정할 필요가 없다고 해서 항상 일이 순조롭게 돌아가는 건 아니겠지만, 그럴 가능성은 커진다. 이런 과정을 여러 번 겪다 보면 긴장감도 있지만 약간 신나기도 한다. 약간의 불편한 긴장감보다 일이 잘 풀렸을 때의 기쁨이 훨씬 크다. 나는 어릴 때부터 엄마의 조언을 따르기 위해 열심히 노력했다.

"좋은 점을 기억하렴."

자기 자신을 표현하는 데 아무 어려움이 없는 사람도 있을 것이다. 어떤 정신 나간 사람은 여러 사람 앞에서 말하는 걸 즐기기도 한다. 하지만 많은 이에게는 어려운 일이다. 특히 처음 몇 번의 발표가 순조롭지 않거나 면접을 망치거나 누군가를 처음 만날 때 별로인 첫인상을 남기는 경험을 하면 더욱 어려워진다. 안 좋은 기억이 마음속 깊이 자리 잡기 때문이다. 이를 극복하기 위해서 내가 찾은 유일한 방법은 연습을 통해 새로운 기억을 만드는 것이다. 나는 대다수가 평범하다고 느낄 만한 강연이나 수업을 했을 때도 마치 기립박수가 터져 나왔거나 유튜브 영상이 100만 조회수를 달성한 것처럼 기뻐한다. 이러한 경험을 통해 아무리 불안하더라도 어려운 문제에 직면할 수 있는 자신감을 쌓는 비결을 찾아냈다.

내가 영업 일을 시작했을 때 나의 가장 큰 원동력은 사람들과 관계를 맺지 못하고 내 뜻대로 인생을 살지 못할 것 같다는 두려움이었다. 그건 아직도 마찬가지다. 하지만 지금 나를 움직이는 가장 큰 원동력은 발자취를 남기는 것이다.

말하기 전에 적어라

대학을 졸업하기 전에 취업박람회에서 다수의 인턴십 면접을 보며 여러 회사를 접할 기회가 있었다. 면접은 잘 풀리지 않았다. 친구들은 부푼 마음을 안고 돌아갈 때, 나는 끝났다는 사실에 열광하며 박람회를 나왔다. 특히 힘들었던 면접이 있는데, 면접 시간이 절반쯤 흘렀을 때 한 면접관이 자기에게 펜을 팔아보라고 했다. 그 말에 나는 완전히 얼어붙고 말았다. 머릿속이 새하얘져서 아무 생각도 나지 않았다. 벌떡 일어나서 펜을 건네주며 당신이 가져도 된다고 더듬거리고는 그냥 나가버린 나를 혼란스러운 표정으로 바라보던 면접관의 얼굴이 아직도 잊히지 않는다. 면접에서 어떤 일이 있었는지 알려주며 렌터카 회사의 경영 교육 프로그램에는 절대 참여하지 못할 거라고 말하자 내 룸메이트는 배꼽을 잡고 웃었다.

자신감이 생기기 시작한 건 커리어 코치를 만났을 때였다.

"교육에는 거액을 쓰는 사람들이 면접 기술에는 몇백 달러를 투자하지 않아서 마지막 기회를 날려버린다는 게 참 놀라워요."

그는 나를 설득했다.

"성공적으로 면접을 헤쳐나가는 법을 배우면 앞으로의 수입이 수십만 달러는 더 늘어날 뿐만 아니라 그 자신감이 삶의 다른 방면까지 확산될 거예요."

나도 처음에는 믿지 않았지만, 코치의 말은 전적으로 옳았다. 면접 기술부터 연습하면 낯선 사람과 대화하거나 여러 사람 앞에서 말하는 게 훨씬 편해질 수 있다. 스트레스가 많은 상황을 헤쳐나가는 연습을 하면서 자신감을 얻으면 일상의 상호작용에서도 긴장을 줄일 수 있다. 나의 언어 치료사가 조언한 것과 비슷하게 커리어 코치도 면접 예상 질문에 대한 답을 말로 연습해 보기 전에 먼저 펜을 들게 했다. 그리고 몇 달에 걸쳐 면접에 가장 흔하게 나오는 스무 가지 질문에 대한 답을 모두 적은 다음 만날 때마다 내가 적은 답을 함께 논의하고 속속들이 파헤쳤다.

따분해 보이는 연습에 자유시간을 쏟고 싶지는 않겠지만, 당신이 글쓰기를 좋아하든 아니든 이 과정은 매우 중요하다. 사람들이 "글을 써야 진짜 생각을 한다"라는 상투적인 말을 쓰는 데는 이유가 있다. 실제로 글쓰기가 도움이 되기 때문이다. 인생은 패턴을 찾는 게 중요하다. 종이와 펜을 활용하는 것보다 이 과정을 더 빠르게 단축시킬 방법은 찾기 어렵다. 자기의 생각이나 이야기, 승리하거나 패배한 경험, 또는 아무 생각이나 글로 적다 보면 지금껏 모아 온 인생의 점을 더 수월하게 연결할 수 있다. 하지만 나는 글을 써야 진짜 생각을 한다는 개념에서 한 단계 더 나아가서 대화 기술을 키울 수 있는 최고의 방법이라고 덧붙이고 싶다. 이 방법을 통해 말하기 전에 미리 생각할 수 있고 무엇을 말해야 할지 걱정을 줄일 수 있으며, 오로지 어떻게 말할 것인지에만 집중할 수 있다.

면접 질문의 답을 적는 훈련을 처음 시작할 때는 완벽하게 적을 필요가 없다. 완벽한 답은 훈련을 거쳐야 나온다. 자기 자신에 대해 알아가고 의사소통 능력을 연마하는 건 평생의 과업이다. 가장 중요한 건 시작하는 것이다. 면접 질문이 숙제처럼 느껴진다면 재미있어 보이는 주제를 골라보자. 당신이 좋아하는 이야기나 읽고 있는 책, 다양한 사업 아이디어, 또는 온라인에서 추천하는 일기 주제를 찾아와도 된다. 사람들 앞에서 말하기가 얼마나 두려운지 또 면접이 얼마나 하기 싫은지에 대해 적어도 된다. 당신의 큰 두려움을 작은 글씨로 적는다고 해서 저절로 문제가 줄어드는 건 아니지만, 분명 도움이 된다. 내가 매일 즐겨 썼던 주제는 다음의 다섯 가지 질문에 대한 답을 적는 것이다.

✦ 오늘 배운 한 가지는 무엇인가?

✦ 오늘 기억에 남는 순간은 무엇인가?

✦ 오늘 뿌듯함을 느꼈던 적은 언제인가?

✦ 더 잘할 수 있었다는 아쉬움이 드는 순간은 무엇인가?

✦ 누군가로부터 도움을 받았던 순간은 언제인가?

이것이야말로 학교에서 내야 하는 유일한 숙제라고 생각한다. 이 질문의 좋은 점은 오래 고민할수록 세상을 어떻게 바라볼지 가르쳐준다는 점이다. 아마 누구도 이야기해 주지 않는 가장 중요한 삶의 기술일 것이다.

이 방법을 통해 자연스럽게 과거와 현재로부터 배움의 기회를 찾고, 어떤 능력을 발전시킬 수 있을지 발견하고, 다른 사람의 장점 및 자기의 장점을 눈여겨보게 된다. 이 질문에 대한 답을 적다 보면 면접에 임하고, 발표를 준비하고, 사람들과 대화할 때 자신감이 붙는 게 느껴질 것이다. 당신의 좋거나 나쁜 경험과 그 경험에서 배운 교훈을 수집했기 때문이다. 본질적으로 이러한 질문은 자기 인식을 꾸준히 키우는 데 도움이 된다. 이 질문들이 당신의 마음을 움직였다면 그대로 사용하라. 그렇지 않다면 성취하고 싶은 목표와 어울리는 매일의 질문을 직접 만드는 것도 좋다. 그 질문이 스스로 자랑스러워하는 부분과 관련된 것이라면 가치관에 대한 관점이 새롭게 바뀔 수도 있다. 자신감은 큰 목표를 이루었을 때만 생기는 게 아니다. 당신이 옳다고 생각하는 걸 꾸준히 할 때도 얻을 수 있다. 외부의 인정을 구하기보다는 선한 길을 따라가며 자기 자신을 입증해 내자.

말하기 전에 글 쓰는 시간을 자주 가지다 보니 심각한 말더듬증을 가지고 있음에도 말을 더듬는 일이 훨씬 줄어들었고 할 말이 있을 때 망설이는 경우도 거의 없어졌다. 처음에는 이 사실이 매우 놀라웠다. 하지만 어찌 보면 당연한 이치였다. 나는 더 이상 무슨 말을 해야 할지 걱정하지 않았고, 그저 내가 미리 써본 내용을 말하는 데만 집중하고 있었다.

말하기 전에 관찰하라

대학에 다닐 때는 운이 좋았다. 공감 능력이 매우 뛰어난 키친 교수를 만났기 때문이다. 정치학을 가르치는 키친 교수는 수업 시간에 말하기를 두려워하고 불편해하는 나에게 두 가지 조언을 해주었다. 첫 번째는 웬만하면 발표를 시킬 때까지 기다리지 말고 두려움을 참고 먼저 나서라고 권했다. 언어 치료사의 조언과 비슷하게 키친 교수는 내 차례가 되었을 때 발표를 얼마나 망칠지 지레 겁먹지 말고 다른 사람이 하는 발표에 귀를 기울이면 마음의 여유가 생길 거라고 했다. 두 번째 조언은 열정적인 관찰자가 되어 다른 학생들의 발표에 집중하라는 것이었다. 그들이 어떤 부분에서 잘했는지, 발표 시작부터 내 관심을 끌었는지, 또 그들의 주장에 얼마나 설득되었는지 계속 주시하라고 했다.

하지만 그의 조언을 즉시 행동으로 옮기지는 못했다. 자진해서 발표하기는 여전히 망설여졌고, 내 이름이 불렸을 때 일어날 온갖 최악의 상황들을 상상하느라 정신이 없을 때도 있었다. 하지만 키친 교수의 조언에 따라 친구들의 발표 내용뿐만 아니라 태도까지도 주의를 기울이다 보니 강력한 의사소통이란 어떤 건지 이해하게 되었다.

관찰하는 대상이 발표에만 제한되는 건 아니다. 이 세상은 하나의 교실과 같다. 매일 우리는 직장에서의 회의나 동료와의 커피 타임부터 우연한 만남이나 저녁 식사 모임까지 대화를 잘하는 사람을 공부할 기회가 아주 많다. 사람들은 다른 사람에게 어떤 식으로 다가갈까? 아이스 브레이킹으로는 어떤 주제를 꺼낼까? 상대의 경험을 자세히 들을 수 있는 좋은 질문은 어떤 게 있을까? 사람들의 대화를 들으며 더 좋은 표현을 고민하다 보면 효과적인 방법을 발견하게 되고 비슷한 상황에서 적용해 볼 수 있다.

이 습관을 지속하면서 본질적으로 어떤 사람이 매력적인지 어떤 사람이 그렇지 않은지 정보를 쌓을 수 있었다. 전보다 현재에 몰입하게 된 것이다. "난 절대 못 할 거야!"라고 걱정하기보다 "오늘은 뭘 배울 수 있을까?"라고 마음을 바꾸자 훨씬 생산적이었다.

다른 사람의 대화를 관찰할 때의 가장 좋은 점은 말할 필요가 없다는 것이다. 어려운 목표에 접근할 때 쉬운 길을 선택한다고 해서 나무랄 사람은 아무도 없다. **다른 사람을 관찰하는 목적은 그들의 말과 행동을 그대로 따라 하려는 게 아니라 당신에게 매력적으로 느껴지고, 편안하고, 진정한 자기 모습을 표현할 수 있는 지점을 찾기 위해서다.** 가장 중요한 건 있는 그대로의 자기 자신을 드러내는 것이다.

말하기 전에 분석하라

다른 사람의 대화를 주의 깊게 관찰할 때의 장점은 시간이 흐르면서 그들의 대화를 더 잘 분석하게 된다는 것이다. 오늘날에는 주변 친구들뿐만 아니라 손가락 몇 번만 움직이면 배울 수 있는 온라인 자료가 무수히 쏟아진다. 하지만 일단은 주변 사람들이 대화를 어떻게 이끌어가는지에 집중하자. 이것부터 잘 해낸다면 능력치가 쌓이면서 다른 영역에서도 수월해지기 때문이다. 대화를 주도하는 사람들이 상대의 관심을 끌기 위해 어떤 전략을 사용하는지 주목하자. 이야기를 통해 전달하는지, 흥미로운 질문을 던지는지 또는 진지하게 생각해 보는 계기를 만들어주는지 살펴본다. 누군가가 대화를 주도하는 동안 우리는 그들이 이야기를 전환할 때 어떤 표현을 쓰는지, 때로는 자기의 생각을 이해시키기 위해 멈춤의 힘을 어떻게 사용하는지 분석할 수 있다. 게다가 복잡한 개념을 단순화하기 위해 비유나 은유, 형상화를 어떻게 사용하는지 또 상대가 세상을 새로운 시선으로 보거나 실제로 행동하게 만들기 위해 대화를 어떻게 마무리 짓는지도 눈여겨볼 수 있다.

일주일에 TED 강의 하나씩만 분석해도 깜짝 놀랄 만큼 많은 걸 배울 수 있다. TED 강연자는 이론이나 아이디어, 신념에 관해 이야기하며 18분이라는 시간 동안 우리를 설득한다. 강연을 비교하다 보면 우리의 이야기나 주장을 어떻게 구조화할 것인지에 대해 집중 훈련이 될 것이다.

내가 분석할 때 가장 자주 활용하는 매체는 더 모스(The Moth)다. 여기에는 현실적이고 꾸미지 않은 날것의 이야기를 전달하는 영상이 아주 많다. 마치 오랜 친구가 친밀한 공간에서 솔직한 경험을 털어놓는 느낌이 든다. 더 모스에서 흔하게 나타나는 패턴은 자기가 얼마나 대단한지 자랑하기보다는 자기 인생에 뿌리 깊게 자리 잡은 역경에 대해 이야기한다는 것이다. 단순하게 표현하자면 어려움을 헤쳐나가는 사람들의 이야기를 들을 수 있다. 그들은 당신을 데리고 과거의 여정을 짚어나가며 그 과정에서 얻은 상처와 업적을 공유한다. 이야기가 잘 전달되면 그들은 역경에 맞설 만큼 용감하면서도 한편으로는 실수를 털어놓을 정도로 나약한, 거부할 수 없는 존재로 느껴진다.

이들의 이야기를 들으면서 우리는 엄청난 자신감을 얻을 수 있다. 인생을 깨우친 사람만이 멋진 이야기를 할 수 있는 건 아니다. 만약 당신이 여러 번 실수했거나 두려움이나 불확실함, 의심, 좌절을 느낀 적이 있다면 당신에게도 이미 매우 값진 깨달음이 있는 것이다. 이러한 감정들은 어떤 경험을 했는지 잘 보여주며 이 이야기를 들은 사람은 혼자가 아니라는 위로를 받기 때문이다.

또한 팟캐스트를 들으며 대화를 분석할 수도 있다. 유명한 게스트들의 이야기에 집중하는 것도 좋지만, 호스트에게서도 배울 점이 많다. 호스트는 게스트가 이야기를 털어놓을 수 있도록 어떻게 질문을 구성하고 대화를 이끌어갈까? 게스트가 질문에 대답하면 훌륭한 호스트는 바로 다음 질문으로 넘어가지 않고 이런 문장을 사용한다. "그 부분이 궁금하네요." "그 이야기가 흥미로워요." "아까 말씀하신 부분으로 돌아가서." 인터뷰가 단순한 질의응답처럼 느껴지지 않도록 자기의 관점이나 게스트의 대답을 듣고 떠오른 이야기를 공유하며 대화를 주고받는다. 마치 트램펄린 마음가짐처럼, 호스트는 자기의 경험과 관점을 개입시키면서 다양한 이야기를 주고받으며 게스트의 마음을 열고 대화를 넓혀간다.

이 훈련을 반복하기 전에는 대화를 훌륭하게 이끌어가는 사람을 보면 내 마음은 시궁창에 빠진 것 같았다. 마음속으로 그들의 숙련된 결과물과 부족한 나의 실력을 비교하며 나를 질책했다. 하지만 점차 시간이 흐르면서 내 마음은 호기심으로 가득 찼다. 내가 완벽하지 않다고 자책하기보다는 연습에 몰입하기로 다짐한 것이다. 물론 어떤 사람은 우리와 출발선이 다를 수 있다. 하지만 태어날 때부터 말을 잘하는 사람은 없다. 누군가의 대화 기술이 수월해 보인다면 그만큼 노력을 들였다는 의미다. 우리는 동굴에 갇혀 사는 게 아니기 때문에 우리에게는 매일 다른 사람의 대화를 관찰하고 분석함으로써 대화 기술을 키울 기회가 아주 많다.

말하는 모습을 녹화하라

코로나 팬데믹 당시, PBS 방송사의 〈텔 미 모어(Tell Me More)〉 사회자인 켈리 코리건(Kelly Corrigan)이 〈켈리 코리건 원더스(Kelly Corrigan Wonders)〉라는 팟캐스트에 나를 초대하며 나와 아내가 어떻게 만났고, 그녀의 어떤 점이 매력적이었는지 이야기해 달라고 부탁했다. 이 초대를 받고 나는 날아갈 듯 기뻤다. 마침 나는 몇 주 전 켈리가 《시녀 이야기(The Handmaid's Tale)》의 저자인 마거릿 애트우드(Margaret Atwood)와 인터뷰한 방송을 들었던 참이었다.

하지만 켈리의 초대를 받은 지 채 한 시간도 지나지 않아서 나는 또 다른 연락을 받게 되었다. 이번에는 나의 사랑하는 아내가 심각한 질병을 진단받았다는 소식이었다. 격리 조치로 인해 미국으로 돌아가서 아내 옆에 있을 수 없었던 나는 무기력함을 느꼈다. 게

다가 아내의 병이 심각한 수준인지 아니면 한 줄기 희망의 빛이 내려 가벼운 수준인지 알 수 있는 검사 결과가 켈리와 녹음을 하는 바로 그날에 나오기로 예정되어 있었다. 나쁜 일은 연달아 세 번 일어난다고 했던가, 나는 방송에서 글 두 개를 소리 내 읽어야 한다는 사실을 알게 되었다. 이게 별일이 아니라고 생각하는 사람도 있을 것이다. 하지만 나에게 소리 내 읽으라는 건 손톱을 먹으라는 말과 비슷한 정도다. 사람들 앞에서 소리 내 글을 읽게 되면 평소보다 더 많이 더듬기 때문에 아직도 힘들어하는 부분이다.

인터뷰를 취소하지 말라는 아내의 응원을 들은 나는 통제력을 얻고 자신감을 높이기 위해 내가 아는 모든 방법을 동원했다. 머릿속에 잘 기억할 수 있게 글을 여러 번 손으로 쓴 건 물론이고, 수많은 영상을 분석하거나 내 친구 닉 월니(Nick Wolny)와 같은 훌륭한 강연자로부터 조언을 구하기도 했다. 닉은 초월적인 재능을 가진 작가이자 선생님으로, CBS, FOX, NBC 등의 방송국에 게스트로 자주 나와 크리에이터 이코노미의 최신 경향을 이야기하곤 했다. 반복해서 연습하라는 그의 조언에 따라 나는 일상에서도 사람들 앞에서 말할 수 있는 방법을 찾았다. 줌 화상 회의를 하며 이야기를 나눌 친구들을 모았고, 아이들 잠자리에서 동화책을 읽어줄 때도 신경 써서 읽었고, 아이 학교에서 이야기를 읽어줄 사람을 찾을 때도 자원했다. 세 살 어린이들 앞에서도 잘 집중할 수 있다면 어른들 앞에서는 식은 죽 먹기라고 생각했기 때문이다. 하지만 무엇보다도 인터뷰를 준비하면서 가장 도움이 된 방법은 켈리가 물어볼 만한 질문에 대답하거나 내가 읽어야 하는 글을 읽는 내 모습을 녹화하는 것이었다.

글을 쓰고 말하는 모습을 기록하는 걸 꾸준히 한다면 여러분의 실력이 날개를 다는 건 시간 문제라고 확신한다. 성공하기 위한 핵심은 '더하기'를 찾는 것이다. 세상은 훌륭한 프로그래머나 디자이너, 엔지니어로 가득 차 있다. 하지만 그중에서도 눈에 띄는 사람은 일차원에만 머무르지 않는다. 훌륭한 프로그래머 '더하기' 매력적인 발표를 하는 사람은 그렇지 않은 사람보다 훨씬 많은 기회를 잡는다. 간단하게 말해서 당신의 '더하기'가 성공의 필수 인자인 것이다. 그리고 우위에 먼저 도달할 수 있는 가장 빠른 방법은 의사소통 능력을 키우는 것이다. 말하기 능력은 당신의 전문성을 증폭시켜 주기 때문이다.

처음에는 목소리만 녹음해 보자. 이렇게 하면 사람들에게 내가 어떻게 보일지 걱정하지 않고, 말의 내용과 어조, 속도에만 신경 쓰게 된다. 대본을 보고 읽다가 서서히 대본에 의지하는 걸 줄여가도 된다. 다른 사람의 피드백을 받는 것도 좋지만, 피드백이 없어도 우리는 자기 자신에게 가장 엄격하므로 개선이 필요한 부분이 잘 보일 것이다. 실수한 횟수에 주의를 기울이고 잘한 횟수도 기억한다. 그리고 다음 날 다시 녹음해 본다. 그걸 계속 반복한다. 몇 주만 지나도 깜짝 놀랄 만큼 성장해 있을 것이다. "어", "그러니까"처럼 자주 쓰는 불필요한 말이 눈에 띄기 시작할 것이다. 어떤 부분에서 성급했는지, 또 어디에서 공백을 활용하면 요점을 잘 전달할 수 있는지도 확인할 수 있다. 영상도 함께 찍어보면 눈을 어떻게 마주치는지, 보디랭귀지는 어떤 메시지를 보내는지도 알 수 있다.

당신이 잘한 부분에 주의를 기울이는 건 매우 중요하다. 사람은 자신의 실수에 집중하고 잘한 부분은 쉽게 잊는다. 하지만 능력을 쌓고 자신감을 키우다 보면 점차 가속도가 붙는다. 그러니 개선할 방법을 찾되, 어떤 부분을 잘했는지 확인하는 것도 잊지 말자.

흔한 면접 질문 스무 가지를 적고 하루에 한 질문씩 답하는 모습을 녹화해 보자. 그다음에는 당신이 가장 좋아하는 이야기를 말하는 모습을 녹화하고, 영상을 보며 고쳐야 할 부분을 찾거나 도입부가 흡입력이 있도록 수정하자. 이 훈련을 매일 몇 분씩 거듭하고 계속 글을 쓰다 보면 대화 능력뿐만 아니라 자신감도 커질 것이다.

이 모든 훈련을 거친 후 켈리와의 인터뷰가 문제없이 진행되었다면 좋았겠지만, 그날은 최고의 컨디션이 아니었다. 몇 단어에서 말을 더듬었고, 아내의 검사 결과를 걱정하느라 평소보다 힘이 없었다. 하지만 한 달 후에 만회할 기회가 주어졌다. 온라인 글쓰기 플랫폼 미디엄에서 유명 작가들 앞에서 독자를 모으는 방법에 관해 30분짜리 강의를 해달라고 부탁한 것이다. 내가 좋아하는 작가 중 한 명인 다리우스 포루(Darius Foroux)는 강연이 끝난 후 내 강의가 인상적이었다며 연락을 해오기도 했다.

사람을
경외하라

만약 내가 좋은 사람들에게서 실용적인 조언을 얻고 말하기 실력을 키울 방법에 관심을 가지지 않았다면 지금의 나는 어땠을지 모르겠다. 현재 나는 새로운 동네로 이사 가거나 새로운 친구를 사귀고, 새 학기 수업에 들어가면 어렵지 않게 사람들과 빠르게 친해진다. 심지어 사람들과 관계 맺는 걸 가장 잘한다고 말하고 다닐 정도인데, 수업 시간이 끝나고도 8분이나 친구들을 교실에 머무르게 했던 겁 많고 말 더듬는 소년과는 전혀 다른 모습이다.

내가 제안하는 방법의 장점은 이미 우리가 어떤 형태로든 글을 쓰고, 다른 사람의 대화를 관찰하고, 영상을 보고, 핸드폰을 만지작거리고 있다는 점이다. 이러한 수단을 어떻게 사용할지에 관심을 갖고, 성장을 위한 도구로써 과학 기술을 활용하는 게 중요하다.

다른 사람을 분석하고 의사소통 기술을 키워가는 과정을 통해 타인과 자신을 비교하기보다는 사람이란 얼마나 대단한 존재인지에 눈을 뜨게 된다. 다음 장에서 소개할 천재이자 사람들을 모으는 공간을 디자인하는 케빈 어빈 켈리(Kevin Ervin Kelley)는 의사소통에 관한 최고의 조언을 남겼다.

"어떤 사람은 그랜드 캐니언에 방문하거나 마우이섬에서 노을을 보며 경외심을 느낀다. 나는 매일 하루하루를 살아가는 사람들을 보며 경외심을 느낀다."

당신은 어떨지 모르지만, 나는 이 말이 좋다. 사람을 무한한 매력이 있는 존재라고 여기면 절대 인생이 지루해지지 않을 거라는 교훈을 계속 되새기게 된다. 호기심을 가장 중요한 가치로 여기고 자기만의 방식대로 자신을 드러내기 위해 노력하다 보면, 더 많은 사람과 관계를 맺을 뿐만 아니라 훨씬 의미 있는 관계가 만들어질 것이다.

2부

의미 있는 관계의 힘

다섯 번째 원칙

먼저
시작하라

먼저
연락하고

케빈 어빈 켈리는 《대체할 수 없는(Irreplaceable)》의 저자이자 미국 동부와 서부에 있는 전략 및 디자인 회사 슉 켈리(Shook Kelley)의 공동 창업자이며, 나의 글쓰기 파트너이기도 하다. 케빈은 스물여덟 살의 나이에 주변 사람이 모두 터무니없고 무모한 짓이라며 만류하는 일을 저질렀다.

당시 케빈은 학자금 대출에 허덕이고 있었고 부양해야 할 아이도 있었다. 이런 상황에서 케빈은 지금까지도 인연을 이어오고 있는 사업파트너와 함께 막 회사를 차린 참이었다. 대부분의 새로운 사업이 그렇듯 두 사람은 벌어들이는 돈보다 지출하는 돈이 더 많았다. 경제적으로 어려운 상황이었지만, 케빈은 하버드대학의 디자인 및 마케팅, 브랜딩에 관한 대학원 하계 프로그램을 소개하는 책자를 몇 번 본 뒤 "될 대로 되라지!"라고 외치고는 은행에서 지급을 거절하지 않기를 간절히 바라며 수표를 썼다.

케빈은 어떻게 흔들림 없이 뛰어들 수 있었을까? 그 수업을 가르치는 교수가 다른 누구도 아닌 자기의 우상이자 전설적인 건축가 유진 콘(Eugene Kohn)이었기 때문이다. 유진 콘의 회사인 콘 페더슨 폭스(KPF)는 오늘날의 고층 건물을 만드는 데 큰 역할을 한 것으로 유명하다. 케빈은 사회에 영향력을 행사하고 싶다면 이미 그 일을 이룬 사람과 가까워져야 한다는 걸 알고 있었다.

그의 가족과 회사 동료, 공동 창업자는 케빈의 이러한 결정을 축하해 줄 수만은 없었다. "지금은 때가 아니야!"라고 주변 사람들은 말했다.

"지금도 이미 경제적으로 어려워. 하버드는 나중에 가도 돼!"

게다가 저명한 아이비리그 대학은 케빈이 자란 남부 플로리다의 늪지대와는 다른 세상이었다. 아무리 주위에서 반발하고 케빈의 마음 한구석에서 "너의 출신을 절대 잊지 말거라"라는 부모님의 목소리가 들려와도, 케빈은 과감히 도전했다.

몇 달 후 수업을 듣기 위해 대학교 캠퍼스에 들어서자, 마음속에서 의심이 뭉게뭉게 피어났다. '어쩌면 사람들 말이 맞을지도 몰라!'라며 그는 자책했다. 설상가상으로 첫 수업 시간에 케빈의 나팔바지와 빨간색 체크무늬 셔츠가 수많은 베이지색 면바지와 재킷에 대비되면서 교실 속 사람들의 시선을 한 몸에 받았다. 케빈은 자기보다 나이가 두 배나 많고 경험은 열 배나 많은 사람들과 눈이 마주

치자 불안이 걷잡을 수 없이 커졌다. 그는 거액의 등록금을 창문 밖으로 버린 것 같다는 생각을 지울 수가 없었다.

하지만 유진 콘이 교실로 걸어 들어오자 케빈은 마음을 다잡고 교실 맨 뒷자리에 조용히 앉아서 그동안 수많은 책과 잡지에서 봤던 자신의 우상으로부터 최대한 많은 걸 배워가기로 결심했다. 케빈의 인내심이 결실을 본 건 두 번째 수업에서 콘 교수가 놀라운 반응을 보였을 때부터였다. 학생들이 제출한 여러 과제 더미 중에서 하나를 집어 든 콘 교수는 이렇게 물었다.

"이 과제는 누구 건가?"

케빈은 소심하게 대답했다.

"네, 접니다."

그는 자기의 과제가 기대에 못 미치거나 지침을 어겼을 거라고 확신했다. 하지만 놀랍게도 콘 교수는 케빈에게 일어서서 과제 작업 과정, 접근 방법에 관해 이야기해 달라고 부탁했다. 그리고 한 시간 동안 케빈은 과제에 관해 설명했다. 학생들이 그의 단어 하나하나에 귀를 기울이자 떨렸던 마음도 점차 자신감으로 변해갔다. 학생들이 그의 말을 열심히 메모하는 동안 케빈은 과제를 자세히 설명하고 쏟아지는 질문에 답했다.

콘 교수의 놀라운 행동은 거기에서 끝나지 않았다. 젊은 학생에게 큰 감명을 받은 그는 수업이 끝난 후 케빈을 살짝 불러내 다음 날 같이 점심을 먹을 생각이 있냐고 물어보았다. 24시간 후 케빈은 자기의 우상과 일대일로 마주하고 있었다. 케빈의 말에 따르면 두 남자가 인생 이야기와 미래 디자인에 대한 생각을 공유했던 그때가 인생에서 가장 흥미로운 대화였다고 한다. 식사를 마치고 계산을 기다리면서 콘 교수는 마지막으로 한 가지 질문을 던졌다. 그리고 이 질문은 케빈의 인생을 완전히 바꿔놓게 된다.

"내년에 이 수업을 나와 함께 가르쳐보지 않겠나?"

다른 학생들보다 나이가 훨씬 어리고 누구를 가르쳐본 경험도 없었지만, 그 후 케빈은 11년 동안 그의 우상과 함께 디자인 및 마케팅, 브랜딩을 가르쳤다. 호기심이 이끄는 대로 따라간 결과, 그의 경력은 날개 단 듯 날아올랐다. 콘 교수는 케빈에게 자기의 시간과 지식뿐만 아니라 인맥 또한 너그럽게 내주었다. 그는 다양한 영향력 있는 인물에게 케빈을 소개했다. 무엇보다도 가장 중요한 건 케빈이 평생의 멘토이자 조언자인 콘 교수를 만났다는 사실이다.

만약 케빈에게 어떻게 그런 결실을 맺었냐고 물어본다면 그는 약간의 행운과 특권 덕분에 유진 콘을 만나게 되었다고 인정할 것이다. 그러고는 강렬하고 매력적인 남부 특유의 느긋한 말투로, 자기의 직감에 따라 영웅을 친구로 만들기 위해 모험에 뛰어들었기 때문이라고 답할 것이다.

내 사람으로 만드는 법,
먼저 연락하기

케빈이 동료들의 조언을 무시하고 아무 관계가 없던 분야에 뛰어든 지 약 30년이 흘렀다. 하지만 관심 있는 사람들을 알아가고 싶은 케빈의 열망은 거기에서 멈추지 않고 그때부터 시작되었다.

고등학교 시절까지 거슬러 올라가면, 케빈은 매주 책상에 앉아 건축학이나 공간디자인, 사업, 인간 행동, 문화 등 다양한 분야에서 활동하는 사람들에게 손 편지를 쓰곤 했다. 의사소통의 방식이 바뀐 지금도 그는 여전히 이 습관을 실천하고 있다. 그가 존경하는 사람들에게 편지를 보내기까지는 단순히 글을 쓰는 것뿐만 아니라 그 사람을 조사하는 데도 시간이 들어간다. 그의 경력이 늘어가고 지식과 인간관계, 경험이 쌓일수록 점점 더 수월해졌다. 하지만 그도 처음에는 상대의 흥미를 끌어내면서도 계속 그의 관심을 유지해서 대화를 끌어낼 수 있도록 글 쓰는 기술을 터득해야 했다.

케빈이 초반에 답장을 받았던 확률은 겨우 5퍼센트에 불과했다고 했다. 그럼에도 그가 포기하지 않고 계속 편지를 썼던 이유는 네 가지가 있다. 첫째, 자리에 앉아 편지를 쓰다 보니 자기 생각을 확고하게 정리할 수 있었고, 시장과 문화의 흐름을 파악할 수 있었다. 그는 어떤 분야에 있든 이 과정이 꼭 필요하다고 조언한다. 둘째, 다른 곳에서는 쉽게 답을 들을 수 없는 질문을 찾기 위해 그 사람들의 이야기와 사상을 더 깊게 파고들어야 했다. 셋째, 답장을 받지 못하더라도 기억에 남을 만한 방식으로 그 사람에게 자기의 이름을 알릴 수 있었다. 손 글씨 편지를 받으면 먼저 손이 가기 마련이다. 넷째, 답장을 보냈던 5퍼센트가 모든 변화를 만들었고, 답장을 보내지 않은 나머지 95퍼센트를 만회하고도 남았다.

먼저 편지를 보낸 덕분에 그는 미국 큰 은행의 CEO들과도 친분을 쌓을 수 있었다. 그는 유명 디자이너와 세계적인 사상가, 그가 좋아하는 작가에게도 연락했다. 결과적으로는 틱톡 비디오가 업로드되는 속도보다 사업이 더 빠르게 사라지는 환경에서 케빈이 쌓은 인맥들은 그의 회사가 마케팅 부서 없이도 30년 넘게 유지되는 데 큰 역할을 했다.

예상할 수 있듯 나 역시 케빈의 연락을 받고 만나게 되었다. 그는 몇 년 동안 판매 기술과 효율적으로 소통하는 방법을 배웠지만, 글쓰기 실력을 더 키우고 싶었다. 그의 목표는 자신의 메시지가 더 다양한 청중에게 전달될 수 있도록 격식을 차리기보다는 일상 언어를 더 많이 사용함으로써 새로운 환경에 적응하는 것이었다. 그가 나에게 처음 보낸 이메일에는 이렇게 쓰여 있었다.

"저는 새로운 무언가를 배우고 싶을 때 그 분야의 최고 전문가를 찾습니다. 그리고 제 눈에는 당신이 이 분야의 최고였어요. 명확하고 간결하고 무엇보다도 기억에 남는 글쓰기란 무엇인지 되새기기 위해 책상 앞에 당신의 글을 붙여놓았어요."

정말 케빈은 사람 마음을 어떻게 홀리는지 너무 잘 알고 있지 않은가? 이제 나는 케빈 없는 삶을 상상할 수 없다. 그는 빨리 배우는 사람이다. 그가 하버드에서 배우는 사람이었다가 가르치는 사람이 된 것처럼, 현재 그는 내가 그를 도와주는 것만큼 나의 글쓰기를 도와준다. 우리는 계속 서로를 도와주며 나는 종종 그의 고객을 위한 브랜딩 프로젝트에 참여하기도 하고, 그는 나의 학생들을 위해 리더의 자리에 오르는 법에 대해 강연을 해주기도 한다.

상대에 대한 호기심 덕분에 자기만의 길을 닦아나간 수많은 사람들의 이야기 중에서도 특히 케빈의 이야기에 주목한 건 두 가지 이유 때문이다. 첫째, 그의 이야기는 정말로 무엇이든 가능하다는 걸 보여준다. 둘째, 케빈은 자기만의 방식대로 손을 내밀었다. 그는 쉬지 않고 책을 읽고, 좋은 질문을 하고, 자기가 배우고 싶은 선생을 찾았다.

아직도 케빈은 한 달에 한두 번은 손 편지를 쓴다. 당연히 시간이 걸리는 일이지만 소셜 미디어 메시지보다 더 개인적인 매체로 바꾸자 사람들의 반응도 바뀌었다. 한번 생각해 보자. 만약 당신이 누군가로부터 진심이 담긴 흥미로운 편지를 받았다면 어떨까? 특히 그 사람이 신출내기라면? 당신이 편지로 답장을 보내지는 않더라도 적어도 편지를 읽어볼 확률을 클 것이다. 그렇지 않은가?

손 편지가 얼마나 강력한 효과가 있는지 보여주는 또 하나의 예시가 있다. 내가 이 책을 쓰고 있을 때 《와: 균형의 미(Wa: The Art of

Balance)》의 저자인 스물세 살의 카키 오쿠모라(Kaki Okumora)가 전통적인 일본 편지지에 편지를 써서 보내왔다. 그녀의 편지에는 자기에게 힘이 되어준 것에 대해 감사한다는 내용과 함께 손으로 그린 두 장의 엽서가 들어 있었다. 나는 즉시 그녀의 편지에 답을 보냈다. 하지만 그전에 아내에게 편지를 보여주고 아이들에게 이 아름다운 편지를 냉장고에 붙여놓으라고 했다. 손 편지를 쓰는 데는 조금 더 품이 들어가겠지만, 카키와 케빈은 많은 돈을 써도 살 수 없는 귀중한 평판을 쌓았기 때문에 오히려 시간을 절약한 셈이다.

보내기 버튼 누르기

나는 글을 쓰기 시작하자마자 케빈이 손 편지를 쓰는 것과 비슷한 방법을 사용했다. 나는 매주 내 마음을 울리는 글을 쓰는 존경하는 작가에게 연락했고, 그들과 통화를 하며 더 많은 걸 배우고 싶었다. 영업직에서 오래 일했음에도 불구하고 이러한 연락을 보내는 건 완전히 다른 수준의 두려움이었다. 영업할 때 일이 잘 풀리지 않으면 그 손님에게서 다시는 연락받지 못하는 게 전부였다. 하지만 내가 꿈꾸는 분야에서 일하고 있는 사람들에게 연락하는 건 내가 시간을 낼 가치가 있는 사람인지 알아보기 위해 그들이 나의 글을 읽어볼 가능성이 크다는 의미였고, 이는 나를 판단하고 거절할 상황을 만들어주는 것과 다를 게 없었다. 이 방법을 처음 시도할 때 나는 팔로워가 많지 않았다. 글쓰기 플랫폼 미디엄에서 나는 대략 500명의 팔로워가 있었고, 다른 소셜 미디어에서는 아예 활동하지 않았다. 온라인 세상에서 나는 보잘것없는 사람이었다.

그럼에도 내가 보내기 버튼은 누른 이유는 간단하다. 글쓰기를 너무 사랑했고, 그래서 나보다 글을 잘 쓰는 사람과 가까워지고 싶었다. 나는 1년 만에 글쓰기만으로 가족을 먹여 살릴 정도로 성과를 낼 수 있었는데, 그건 순전히 내가 어떤 사람을 만나는지를 중요하게 따졌기 때문이었다. 처음 그들과 대화를 나눌 때는 글쓰기에 대한 열정 때문에 유대감이 생겼다. 하지만 관계가 진전될수록 글쓰기 이상으로 대화가 확장되었고 그때부터 진정한 우정을 쌓게 되었다. 내가 연락한 사람들은 나에게 다른 작가를 소개해 줬고, 인간관계가 넓어지면서 나도 그들에게 새로운 친구를 소개했다.

영웅을 친구로 만드는 여덟 가지 단계

높은 위치에 있는 사람들의 주목을 받기 위해서는 우리가 안정적인 생활을 하고 성공적인 위치에 있어야 한다고 생각하기 쉽다. 하지만 내가 오랜 경험을 통해 배운 점이 있다면 호기심 많은 학습자이자 주의 깊은 관찰자가 되는 건 소위 '전문가'가 되는 것

만큼, 어쩌면 그보다 더 매력적이라는 것이다.

의욕이 샘솟는 분야에 도전할 때, 또는 부업을 하거나 취미를 즐길 때도 열정은 최고의 장점이 될 수 있다. 올바른 사람은 이를 존중할 뿐만 아니라 공감할 것이다. 케빈이 업계의 거물들과 어울리기 시작하자 주변 친구들은 그 비법을 물어보았다. 케빈은 이렇게 답했다.

"성공한 사람들에 대해 대다수가 눈치채지 못하는 두 가지 사실이 있어. 첫째, 성공한 사람들은 매일 훌륭한 사람들에게 둘러싸여 있어. 그 사람들에게 깊은 인상을 남기겠다고 모든 답을 알고 있다는 듯 행동하면 그들은 관심도 주지 않을 거야. 둘째, 올바른 사람들은 자기의 지혜를 가르쳐주고 나눠주는 걸 좋아해. 내가 성공한 사람들의 무리에 들어갈 수 있었던 건 스펀지처럼 그들이 주는 가르침을 흡수하려고 했기 때문이야. 나는 아직도 이 마음가짐을 지키려고 해."

나는 사람들을 직접 대면하고 세상을 돌아다니는 것도 매우 좋아하지만, 기술의 발전 덕분에 우리는 세계화 시대에 살고 있다. 물론 사람 간의 연결을 막는 장애물이 완전히 사라진 건 아니다. 하지만 이메일과 소셜 미디어 덕분에 그 장벽이 매우 낮아졌고, 메시지를 잘 써서 답장을 받아내는 능력은 매우 중요해졌다.

지난 6년 동안 나는 글 쓰는 스타일과 메시지가 마음에 드는 내 나이의 절반밖에 되지 않는 작가부터 나보다 30년 선배인 업계의 선두 주자까지 총 300명이 넘는 사람들에게 연락했다. 때로는 흥미가 생겨서 전혀 다른 분야에 있는 사람에게도 연락했다. 많은 경험을 하고 다양한 방법을 시도해 본 결과, 어떤 방법이 효과가 있고 어떤 방법은 효과가 없었는지 패턴을 파악할 수 있었다.

다음 여덟 가지 단계는 영웅을 친구로 만들 수 있는 팁과 전략만 쏙쏙 담은 비법서다. 첫 연락의 목표는 단순히 대화의 창구를 여는 것인 만큼 많은 것을 요구하지는 않을 것이다.

1. 하나의 플랫폼을 정하고, 일주일(또는 한 달)에 한 사람에게 연락하라

이메일을 못마땅해하거나 부정적인 의견을 표하는 사람도 많지만, 나는 좋아하는 편이다. 그 이유는 세 가지가 있다. 첫째, 주요 의사소통 수단을 선택하면 체계화하기가 좋다. 둘째, 많은 사람이 매일 이메일을 열어본다. 마지막으로, 사람들의 메일함에는 기운 빠지게 만드는 메일이 대부분이기에 감사한 마음을 담은 메일은 눈에 띄기 마련이다.

일주일에 한 번으로 정한 이유도 체계화하기 위해서다. 우리는 평소에도 소셜 미디어에서 수십 명의 사람들을 만난다. 그중 한 사람을 선택하면 불필요한 소음을 줄이고 한 사람의 이야기에 깊이 파고들 여유가 생긴다. 또한 이 과정에서 당신이 꼭 필요한 사전 작업을 하고 있으며 긴장하거나 겁먹는 게 아니라 스스로 준비 태세를 갖추었다고 느끼기 때문에 자신감도 올라간다.

만약 일주일에 한 명이 많다고 느껴지면 조금 더 속도를 늦춰서 한 달에 한 명에게 연락하는 걸 목표로 해도 아무 문제 없다. 중요한 건 계속 유지하는 것이다. 한 달에 한 번 꾸준히 연락하다 보면 점점 간격이 줄어들 것이다. 일반적인 사회 통념과 달리 발이 넓어야만 영향력을 발휘할 수 있는 건 아니다. 우리에게 힘이 되는 한 사람만 있어도 된다.

2. 똑똑하게 작은 것부터 시작하자

"평소 우리가 지나치는 평범한 건물 안에는 흥미로운 사람들이 흥미로운 일을 하고 있어."

어머니가 몇 년 전에 하신 말씀이다. 그리고 현명한 조언 뒤에 정곡을 찌르는 말을 덧붙였다.

"흥미로운 사람 한 명을 찾아. 그러면 모든 사람이 흥미로워질 거야."

나는 이 말을 절대 잊을 수 없다. 사람들은 큰 행운 같은 기회가 주어지려면 오프라 윈프리나 빌 게이츠, 일론 머스크와 같은 대단한 인물이 필요하다고 오해한다. 하지만 그보다 훨씬 쉬운 전략이 있다. 그건 바로 함께 이야기를 나누는 게 즐겁고 당신과 생각이 비슷한 사람을 찾는 것이다. 물론 어떤 결과가 나올지 모르기에 기술을 연습할 수 있는 좋은 시도라고 볼 수도 있지만, 누구나 알 만한 유명한 인물이 지혜를 빌려주기 위해 당신에게 문을 열어줄 가능성이 희박한 건 사실이다.

그 대신 멋진 일을 하고 있는 친구의 친구를 찾아보거나 비슷한 흥미나 습관이 있는 사람들에게 연락하는 등 영리한 방법으로 시작해 보자. 중요한 건 당신이 편안하게 느끼는 지점에서 시작하는 것이다. 케빈과 같은 사람들은 10여 년간 매력적인 사람들에게 다가가는 연습을 했기 때문에 유진 콘과 같은 저명한 사람과 관계를 유지할 수 있었다. 기회가 주어졌을 때 케빈은 충분한 연습이 되어 있었고 낯선 자리에 있다는 느낌이 들지 않았다.

어떤 것이든 새로운 습관을 만들 때는 여러 번의 쉬운 성공을 통해 관성을 쌓아야 한다. 신기하게도 하나의 관계에서 또 다른 새로운 관계가 이어지기도 한다. 그렇지만 꼭 기억해야 할 것이 있다. 누군가를 처음 만날 때 '더 중요한' 사람을 만나기 위한 디딤돌이라고 생각해서는 절대로 안 된다. 사람을 알아간다는 건 서로에게 도움이 되는 상대인지 알아보는 것이지, 그 사람을 성공의 사다리로 이용하려는 게 아니라는 걸 명심하자.

3. 당신만의 목표를 찾아라

내가 처음으로 진지하게 글을 쓰기 시작했을 때는 글이 주제에서 벗어나지 않도록 원고를 쓸 때마다 맨 위에 이런 질문을 적어 두라는 조언을 들었다.

"이 글을 읽은 후 나는 독자들이 _____ 하기를 원하는가?"

새로운 사람들에게 연락할 때도 이 방법을 적용할 수 있다. 일단 한 가지 목표를 정하라. 그들의 작품에 감사를 표하든, 어떤 질문에 의견을 묻든, 당신에게 전화하고 싶도록 깊은 인상을 남기든, 목표를 확실히 하라. 메시지에는 당신이 정확하게 어떤 것을 이루고 싶은지만 담으면 된다. 요청이나 질문이 너무 많으면 답변을 거의, 또는 아예 못 받을 가능성이 크다. 그런 메시지는 강압적이고 산만하거나 답장하기에 벅차다고 느낄 수 있기 때문이다.

당신이 낯선 사람으로부터 메일을 받았다면 어떤 내용에 답장하고 싶을지 생각해 보자. 아마 요점을 파악하기 어렵거나 어떻게 답장해야 할지 또는 어떻게 도와주는 게 좋을지 선뜻 생각나지 않는 메시지는 아닐 확률이 높다. 스스로 "나는 왜 이 사람에게 연락하려고 하는가?"라는 질문에 정직하게 답해보면 그 사람에게 정말로 호기심이 생긴 건지 아니면 단순히 앞으로 나아가기 위한 수단으로 보는 건지 판단할 수 있다.

4. 7의 규칙을 따르라

7의 규칙은 마케팅에서 오래된 원칙 중 하나다. 7의 규칙이란 잠재적 고객이 행동으로 옮기기까지 광고 메시지에 일곱 번 노출되어야 한다는 의미다. 그렇다고 당신이 이메일을 보내고 답장을 받지 못했다고 해서 여섯 번 더 메일을 보내라는 의미는 아니다. 제발 그러지 않길 바란다. 그보다는 사람들은 익숙한 이름이 보낸 메일을 열어볼 확률이 크다는 의미다.

우리는 온라인에서 연줄을 만들려는 수많은 사람들 틈에서 또 하나의 그저 그런 사람처럼 보이고 싶지 않다. 그들 사이에서 눈에 띄기 위해서는 당신의 이름을 전략적으로 드러내야 한다. 곧바로 연락을 보내기보다는 간접적인 접근으로 그들의 흥미를 돋우고 친근함을 쌓아보자. 당신의 소셜 미디어에 그들의 작품을 공유하며 당신에게 어떤 영향을 줬는지 간단한 감상을 덧붙이는 것도 하나의 방법이다. 블로그를 운영하고 있다면 그들의 작품이 당신에게 어떤 긍정적인 영향을 주었는지 글을 쓸 수도 있고, X(트위터의 새로운 이름)나 링크드인에 그들을 태그해 감사 인사를 전할 수도 있다. 이 방법을 통해 당신의 배려심과 노력이 드러난다. 한꺼번에 많은 일을 하려고 하거나 너무 부담스럽게 다가가지만 말자. 여기에서 핵심은 자기에게 가장 덜 불편한 방식을 찾는 것이다. 안 그러면 그들이 흥미를 잃을 수도 있다.

내가 글쓰기를 시작하기 전에 온라인에 처음 댓글을 남긴 건 《베가 번스의 전설(The Legend of Beagger Vance)》과 《최고의 나를 꺼내라(The War of Art)》 등 다수의 베스트셀러를 낸 작가 스티븐 프레스필드(Steven Pressfield)가 운영하는 블로그의 한 게시글이었다. 댓글을 남긴 다음 날, 스티븐 쪽에서 지금 준비 중인 '인맥을 쌓고 나를 홍보하는 법'에 관한 글에 내 댓글을 사용해도 되는지 양해를 구하는 연락을 해왔다. "물론이죠"라고 답하고는 추가로 나에게 효과가 있었던 또 다른 방법도 공유했고, 이 역시 그의 글에 실렸다. 최근에는 내가 존경하는 작가인《보이지 않는 도시(Unseen City)》의 저자 에이미 션(Amy Shearn)이 X 팔로워들에게 거절을 잘 못하는 사람이 조금 더 편안하게 거절할 수 있는 방법에 대해 물어본 적이 있다. 얼마 지나지 않아서 에이미는 나의 조언에 감사하다며 연락을 해왔고, 〈오프라 매거진(Oprah Magazine)〉에 게재된 그녀의 글에 나의 답변도 함께 실었다고 알려주었다. 두 가지 경험 모두 내가 알게 된 내용을 공유했을 뿐이고, 그들은 내 조언이 가치 있다고 여겼다. 그리고 그 덕분에 대화의 장을 열 수 있었다.

5. 진실되지만 눈길을 끄는 제목을 써라

앞의 네 단계를 완료했다면 진짜 메일을 쓸 시간이다. 일단 친분이 없는 사람에게서 온 메일을 확인하게 만들려면 눈길을 끄는 제목을 써야 한다. "(서로 아는 친구 이름)의 친구로부터"라는 제목은 시선을 사로잡기 때문에 쌍방의 친구가 있다면 매우 효과적인 방법이 될 수 있다. 이외에도 눈길을 끄는 확실한 방법은 아주 많다. 당신이 할 일은 자기에게 진실되게 느껴지는 방법을 찾는 것이다.

사업가이자 작가인 셰인 스노우(Shane Snow)는 한 실험을 통해 새로운 사람에게 답장을 받고 싶을 때는 '간단한 질문'과 같은 단순한 제목이 확실한 결과를 낸다는 걸 알아냈다.[1] 하지만 마케터들이 이 방법을 자주 사용하는 추세여서 효과가 줄어들 수도 있다. 게다가 이 방법을 쓸 생각이라면, 간단하면서도 구글에서 쉽게 검색할 수 없는 질문을 잘 골라야 한다.

내가 경험한 바로는 "감사합니다"가 들어간 제목이 대화를 시작하기에 꾸준히 좋은 결과를 냈다. 아니면 "당신의 작품에 대한 감사의 말"도 괜찮다. 시시한 제목 같지만 그 효과는 깜짝 놀랄 만하다. 앞서 이야기했듯 대부분은 메일함에서 감사하는 내용을 찾아보기 어렵기 때문에 관심을 끌기가 좋다. 이런 제목을 보면 메일의 본문이 읽고 싶어질 것이다.

6. 그들의 작품이 당신에게 어떤 도움을 주었는지 알려준다

어떤 배경을 가지고 있든 모든 사람은 자기의 작품이 의미 있고 긍정적인 영향을 주고 있다는 것을 감사하게 여긴다. 이전 단계에서 확실한 제목을 썼다면, 이제는 다음의 공식을 적용할 차례다.

✦ 당신이 X를 해준 덕분에 제가 Y를 이루게 되었어요.

평범한 칭찬을 늘어놓는 쉬운 길은 선택하지 말자. 그보다는 그들의 작품, 예를 들어 훌륭한 이야기나 아이디어, 새로운 방법 등을 구체적으로 언급하며 당신이 바라던 결과를 얻기까지 어떤 도움을 주었는지 설명한다. 면접 기회를 얻거나 성공적으로 발표를 해낸 것과 같은 결과가 있다면 좋다.

이 방법이 효과적인 이유는 무엇일까? 당신이 그들의 조언을 실천에 옮겼다는 걸 보여주기 때문이다. 아니면 먼저 실력 향상에 도움이 되는 조언을 하나 구하는 메일을 보낸 다음, 실제로 실행에 옮겨보고 그 과정에서 어떤 걸 깨달았고 구체적으로 어떤 도움이 되었는지 알려주는 방법도 있다. 대부분 사람은 자기의 조언을 귀 담아듣고 행동할 준비가 된 사람을 좋아한다. 다음의 예시를 참고하길 바란다.

"안녕하세요, 레이첼. 당신의 오랜 독자로서, 면접에서 '당신의 이야기를 해보세요'라고 질문할 때 어떻게 답하면 좋을지에 대한 당신의 조언이 아주 훌륭했다는 말씀을 드리고 싶습니다. 바로 지난주 면접에서 알려주신 방법을 써보았어요. 그 질문에 자신 있게 대답한 이후로 나머지 면접도 고래가 헤엄치듯 (저희 어머니가 이 단어를 자주 쓰세요) 흘러갔습니다. 방금 두 번째 면접에 오라는 연락을 받았어요. 답장은 안 주셔도 되지만, 다시 한번 감사 인사를 드리고 싶어요. 정말 도움이 되었어요. 당신과 당신의 가족에게 좋은 일만 있길 바랍니다. 마이클 드림."

이 메일에서 몇 가지 내용을 함께 살펴보자. 먼저, "고래가 헤엄치듯"과 같은 특이한 말을 사용하며 어머니를 언급한 게 조금 의아할 수도 있지만, 이 문장으로 상대는 나를 친숙하게 느끼게 된다.

두 번째로, "답장은 안 주셔도 되지만"이라는 표현을 쓰면 보통 답장을 보내게 된다. "너한테 이 말을 해도 될지는 모르겠지만"이라고 말하면 상대방이 더 궁금해지는 반대 심리와 비슷한 효과다.

7. 당신의 능력을 과소평가하지 말라

성공한 사람들은 바쁘다. 그래서 그들에게 연락하는 건 시간 낭비라고 스스로 쉬운 핑계를 대기도 한다. 하지만 여러분이 알아야 할 게 있다. 만약 그들이 바쁜 상황이라면, 그건 도움이 필요하다는 뜻일 수도 있다. 그들이 마주하고 있는 어려움을 알아채고 당신이 그 문제의 해결책이 될 수 있다면 그들은 마음을 열고 다가올 것이다.

도움이 필요 없어 보이고 아무 친분도 없는 사람을 도와줄 방법을 찾는다는 건 어렵게 느껴질 수 있다. 하지만 그들의 소셜 미디어 계정에 올라온 글을 읽으며 정보를 얻는 법을 익힌다면, 지금 그들이 무엇 때문에 바쁘고 또 어떤 일을 하고 있는지 온라인 전반에 흩어져 있는 사소한 단서들을 모을 수 있을 것이다.

몇 가지 예시를 살펴보자. "지금 새로운 제품을 출시 중이에요"는 "이 소식을 퍼뜨리는 데 도움이 필요해요"라고 해석할 수 있다. "팟캐스트 론칭을 앞두고 너무 신나요"는 "누구 팟캐스트에 대해 잘 아는 사람 없나요?"라는 뜻이 숨어 있을 수 있다. "바르셀로나로 이사 갈 예정이에요"는 "이 도시에 인맥이 있거나 추천할 만한 곳을 아는 사람 있나요?"라는 의미일 수 있다. "제 책이 곧 나올 예정이라 너무 기뻐요"는 "사람들에게 이 책을 홍보하는 데 도움이 필요해요"일 수도 있다.

온라인에서 인연을 이어가기 위한 단서는 곳곳에 숨어 있다. 당신은 그 단서를 찾는 법을 배우고 당신이 가진 해결책을 이해하기 쉽게 제시하면 된다. 효과적인 메시지를 쓰기 위한 기본 틀은 다음과 같다.

- ✦ 그들이 하는 일이 당신에게 구체적으로 어떤 도움이 되었는지 감사를 전한다.
- ✦ 당신이 그들에게 도움을 줄 수도 있을 부분을 짚어준다.
- ✦ 그들의 삶을 더 수월하거나 더 윤택하게 만들기 위해 당신이 어떻게 도울 수 있는지 몇 가지 아이디어를 제시한다.

이를 활용해 초안을 써보면 다음과 같을 것이다.

"안녕하세요, 레이철. ADHD가 있는 사람들의 명상에 관한 당신의 글에 감사를 전하고 싶습니다. 저는 아침에 일어나자마자 제일 먼저 명상을 하지 못하는 저를 자책하곤 했어요. '먼저 운동을 해서 에너지를 태운 다음, 마음이 가라앉으면 그때 명상을 해보세요'라는 당신의 조언 덕분에 인생이 바뀌었어요. 난생처음으로 명상의 성과를 얻을 수 있었어요. 최근 당신이 새로운 책을 쓰고 있다는 소식을 뉴스레터에서 보았어요. 저는 책을 홍보하거나 출간팀을 꾸리는 데 기꺼이 참여하고 싶어요. 만약 관심이 있으시다면 몇 가지 아이디어를 적어봅니다(여기에 두세 가지 중요한 아이디어를 적는다). 만약 관심이 없다고 해도 괜찮습니다. 제 삼촌이 이렇게 말씀하셨거든요. '모르는 것보단 거절이 낫다.' 당신의 활동에 감사드립니다. 저에게 큰 도움이 돼요. 다음 책도 기대됩니다. 당신과 당신의 가족 모두 건강하시길 바랍니다. 마이클 드림."

나는 바르셀로나로 이사 가자마자 몇몇 스페인 사업가들의 영어로 된 웹사이트에서 원고를 정리하고 무료로 편집을 도와주었다. 내가 전문적으로 글을 쓰거나 편집한 경험은 없었지만, 영어가 모국어인 사람으로서 그들을 도와줄 수 있다는 걸 알았기 때문이다. 이 사실을 알게 된 한 고객은 영어로 웹사이트를 만들고 싶어 하는 알버트 모레노(Albert Moreno)라는 친구에게 나를 소개해 주었다. 알버트와 나는 처음부터 말이 잘 통했다. 마음이 잘 맞았기에 그는 나에게 자기 스타트업에 합류하라는 제안을 했다. 그곳에서 1년 정도 일한 후 그는 회사 소유권을 나에게 넘겼고, 우리는 함께 3년 동안 국제 시장으로 진출하기 위해 열심히 일했다.

이 방법의 장점은 상대에게 도움이 되는 일을 기꺼이 할 의향이 있고 진지하게 고민하고 있다는 걸 보여준다는 것이다. 이렇게만 해도 가치 있는 걸 먼저 내놓지 않으면서 자기가 원하는 것부터 요구하는 사람들 틈에서 우리가 돋보일 수 있다.

시간이 오래 걸리는 일이 아니냐고? 물론이다. 하지만 그렇기에 가치가 있다. 게다가 당신은 어떨지 몰라도 나라면 온라인에서 아무 직장이나 지원하기보다는 내가 함께 일하고 싶은 사람을 찾아서 어떻게 그 사람에게 깊은 인상을 남길지 고민할 것 같다. 당신이 존경하는 사람의 입장에서 생각해 보자. 과연 어떤 사람이 기억에 많이 남을까? 당신에 대해 깊게 잘 아는 사람일까, 아니면 겉핥기식으로만 겨우 아는 사람일까?

8. 특이함의 힘을 무시하지 말라

저명한 가구 디자이너 찰스 임스(Charles Eames)는 말했다.

"디테일은 그냥 디테일이 아니다. 디테일이 바로 핵심이다."

누군가를 조사할 때는 이 말을 항상 명심해 두고 다른 사람이 놓치는 부분을 볼 수 있는 눈을 길러야 한다. 디테일을 신경 쓰면 "어떻게 그걸 발견했나요!"와 같은 반응을 이끌어내며 긍정적인 결과로 이어지기도 한다.

미국의 음식과 여행, 문화에 대해 글을 쓰는 재능 있는 바르셀로나의 작가를 조사하던 중 나는 그가 남부 스페인에서 먹었던 미국의 잉글리시 머핀을 떠올리게 하는 빵을 아주 좋아한다는 것을 알게 되었다. 그의 이력을 확인한 나는 글쓰기 조언을 구하고 싶은 마음을 조금 참기로 했다. 그리고 아래처럼 간단한 메일을 보냈다.

"저는 당신 글의 엄청난 팬이에요. 당신이 잉글리시 머핀과 비슷한 말라가 지역의 어떤 빵을 아주 좋아한다는 글을 읽었어요.

저는 비크에 살고 있는데 제가 가는 동네 빵집에 당신이 찾는 빵이 있는 것 같아요. 왜냐하면 처음 그 빵을 먹었을 때 '이럴 수가, 이거 거대한 잉글리시 머핀 같잖아'라는 말이 절로 튀어나왔거든요. 다음에 제가 바르셀로나로 갈 때 빵 몇 조각 가져다드리고 싶어요. 그럼 잘 지내세요. 마이클 드림."

얼마 지나지 않아 그는 나와 만나고 싶으며 겹겹이 쌓인 빵을 얼른 보고 싶다는 연락을 해왔다. 하지만 코로나19 때문에 계획에 차질이 생겼고, 그는 미국으로 돌아가게 되었다. 그럼에도 불구하고 그는 나에게 전화를 걸어 출판사와 일할 때 도움이 될 만한 조언을 해주었고, 직감대로 내가 탐구하고 싶은 주제를 따라가는 게 중요하다고 응원해 주었다. 다시 말해, 디테일이 중요하다. 구체적일수록 좋다. 그만큼 당신이 깊게 파고들었다는 의미니까 말이다.

내가 지금까지 한 말과
사회적 통념은 모두 잊어라

이 세상에는 어떻게 하면 존경하는 인물과 인맥을 쌓을 수 있는지와 관련해 아주 다양한 조언이 존재한다. 나의 경우에는 처음 연락할 때는 이메일을 사용하는 걸 선호한다. 아마 당신에게는 X나 링크드인의 메시지가 잘 맞을 수도 있다. 나는 메일을 보낼 때 네 문장 이내로 쓰려고 했다. 하지만 내 친구 브라이언 페니(Brian Pennie)

는 고향인 아일랜드의 100명이 넘는 CEO들에게 연락을 할 때마다 네 단락 정도의 메일을 보냈다. 그리고 그중에서 81퍼센트가 답장을 보냈다. 그의 이력이 훌륭했기 때문에 이런 성과를 얻은 건 아니었다. 왜냐하면 브라이언은 마약 중독을 치료하는 중이었고, 메일을 보낼 당시에는 음식 배달로 근근이 돈을 벌며 지역 대학에서 공부하고 있었기 때문이다. 낙천적인 성격과 대담함, 정직함, 그리고 세상에 긍정적인 영향을 끼치고 싶다는 강렬한 의지가 CEO들의 눈에 띈 것이다.

그는 자기만의 이야기와 함께 "회복력이 뛰어나면서 성공한 사람들의 도구를 다음 세대에 전달하고 싶은" 목표를 확실하게 담았다. 그의 이야기를 통해 자기만의 목표를 찾고, 단순히 자기에게 주어질 이익을 넘어서서 사람들에게 다가가고자 하는 '이유'를 확실히 아는 것이 얼마나 놀라운 힘을 낼 수 있는지 확인할 수 있다. 6개월 뒤, 브라이언은 여러 사람과 만났고, 그 결과 워크숍을 운영하고 기업을 위해 강연을 해달라는 초청을 받았다. 이런 노력은 그의 회고록 《보너스 타임(Bonus Time)》 계약도 성공시켰다.

0에서 1이 될 수 있는 방법은 아주 많다. 그러니 아주 편하지는 않아도 당신이 확실히 할 수 있을 것 같은 방법을 찾아라. 행사를 돕는 일이 당신의 흥미를 끌 수도 있다. 지역에 도움이 되는 일을 하다 보면 비슷한 생각을 가진 사람들과 가까워질 수도 있고, 넓은 인맥을 가진 행사 주최자나 강연자를 만날 수도 있다. 아니면 관심 있는 사람들을 저녁 식사에 초대하는 것도 좋다. 내 친구이자 한때는 내 제자였던 마틴 네이트(Martin Nait)는 요리하는 걸 매우 좋아해서 이 방법을 통해서 친구들을 사귀곤 했다. 어쩌면 일대일로 대면하는 게 편한 사람도 있을 것이다. 만약 온라인에서 활동하는 게 강점이라면 적극 활용하라. 그리고 무엇보다도, 당신이 선택한 방법이 효과가 없더라도 자기 자신을 바꾸지 말라. 좋은 방법을 찾을 때까지 메일의 내용을 바꿔보거나 다른 방법에 도전해 보자.

    일을 처음 시작할 때, 갑갑하게 느껴질 때, 또는 변화를 찾을 때, 알고자 하는 욕망은 우리가 생각하는 것보다 많은 사람들의 관심을 모을 수 있다. 학생들을 가르치면서 나는 프로젝트 매니저나 프로젝트 매니저가 되고 싶은 사람들을 많이 만난다. 자기가 꿈꾸는 분야의 사람들에게 연락하는 게 어색하게 느껴지고, 그들이 나와 대화하고 싶어 할 리가 없다고 위축될 때도 있었지만, 자기 의심을 극복하고 꿈꾸는 회사의 프로젝트 매니저와 능동적으로 연락했던 내 제자들은 결국 원하는 바를 이룬 경우가 많았다.

    훌륭한 전쟁 회고록인《겁쟁이들이 죽는 곳(Where Cowards Go to Die)》으로 상을 받았고 나의 편집자이기도 한 벤저민 슬레지(Benjamin Sledge)는 이런 멋진 말을 남겼다.

    "멋진 대화는 운명을 바꿀 수 있다. 좋은 친구 한 명은 행운을 가져다준다. 좋은 멘토 한 명은 인생의 방향을 명확하게 한다."

    우리는 믿을 수 없이 놀라운 시대에 살고 있다. 존경하는 사람의 관심을 끌기 쉬웠던 적은 한 번도 없다. 내가 소개한 방법을 충분히 연마하다 보면 불가능할 거라고 생각했던 일이 실제로 일어날 수도 있고, 단어 하나하나 신중하게 쓰는 법을 배우면서 의사소통 능력도 향상될 것이다. 게다가 당신이 원하는 것을 쫓기로 결심한 이상 자신감이 충만할 테고, 머지않아 한 번의 수락이 주는 힘을 실감할 것이다. 아마 가장 중요한 건, 답장을 적게 받거나 거절을 듣는다고 해서 세상이 무너지는 건 아니라는 걸 깨닫는 것이다.

케빈은 이런 말을 했다.

"그들이 만약 거절한다고 해도 뭐 어떤가? 나도 자주 거절해. 바쁘니까. 그건 다른 사람도 마찬가지야. 하지만 올바른 사람은 꿈을 좇는 사람을 비난하지 않아. 누군가가 나에게 메일을 보낼 때면 내가 시간을 낼 수 있든 없든 나는 항상 그들을 존중해. 세상에 자기를 던지는 게 얼마나 어려운 일인지 잘 알고 있거든."

당신이 원하는 것은 무엇인지 그리고 그 목표를 위해 어떻게 할 것인지 깊이 생각해 보자. 당신만의 방식으로 도전하자. 스스로 이렇게 질문할 수 있다면 좋은 일이 일어날 수밖에 없다.

"오늘은 또 어떤 흥미로운 사람을 만나게 될까?"

여섯 번째 원칙

친구를
소중히 하라

사람들은 자기가 모방하고 싶은 자질을 가진 사람과 친구가 되고 싶어 한다. 말을 더듬는 수줍은 아이였던 나는 자신감 넘치고 사교적인 사람들, 등장과 함께 사람들의 이목을 집중시키고 나이와 상관없이 누구와도 쉽게 친해지는 사람들을 항상 부러워했다. 그래서 나를 보호하고 불안감을 가리기 위한 일종의 방어로 외향적인 사람들 사이에 숨곤 했다. 때로는 조용한 아이에게 가장 안전한 장소는 제일 힘세거나 시끄러운 아이의 뒷자리니까 말이다.

물론 그들의 습관과 버릇을 무의식중에 터득하게 되면서 유익한 부분도 있었지만, 그보다는 수줍고 내성적인 편에 속하지만 새로운 사람을 만나고 친분을 유지하는 데 능숙한 사람들을 관찰하고 그들과 가까워지면서 배운 점이 나에게 더 큰 영향을 끼쳤다. 특히 어린 시절 친구인 앤서니가 바로 여기에 뛰어난 재능이 있었다. 네 명의 자녀를 키우고 지난 20년 넘게 비영리 활동에 깊게 관여하며 금융 기관에서도 매우 성공적인 경력을 쌓았지만, 그는 여전히 고등학교 친구들을 모으는 역할을 한다. 그는 내가 만난 사람 중에서 우정을 가장 잘 유지하는 사람이었는데, 알고 보니 이유가 있었다. 그는 이 능력이 얼마나 귀중한지 일찍이 깨달았기 때문이었다.

앤서니는 대학생 때 세계적인 금융 회사에 인턴으로 들어갔다. 그는 졸업 후에 무슨 일을 하고 싶은지 아직 정하지 못했고, 동네 수영장의 안전요원 말고는 여름을 보낼 다른 방법이 없었기 때문에 그 일을 선택했다. 앤서니는 졸업 후에 비슷한 직종에서 일할 거라는 기대 없이 대충 일했다. 하지만 인턴이 끝날 무렵, 같은 사무실에서 일하던 직원과 나눈 대화가 그의 미래를 바꾸게 된다.

"졸업하고는 뭘 할 계획이에요?"

직원이 묻자 말을 돌려 하는 편이 아니었던 앤서니는 "전혀 모르겠어요"라고 대답했다.

"여기에서 일하는 건 어떻게 생각해요? 이 회사에서 일하는 모습이 그려지나요?"

"아주 좋은 경험이었고 함께 일한 사람들도, 빠른 속도로 일하는 환경도 마음에 들었지만, 제가 영업에 적합한 사람인지는 잘 모르겠어요."

"하나만 물어봅시다."

남자가 몸을 기울이며 "고등학교 친구들이랑 계속 연락하고 지내요?"라고 물었다. 이 질문을 들은 앤서니의 눈은 반짝거렸다.

"그거야말로 제가 제일 잘하는 일인걸요!"

"졸업한 뒤에도 관심이 있으면 앤서니 당신에게 어울리는 자리가 있어요."

앤서니가 호기심에 물었다.

"어째서죠? 저는 이 일에 대해서는 아무것도 모르는걸요."

"기본적인 기술은 누구나 배울 수 있어요. 전체적으로 이 일은 사람들과 장기적인 관계를 맺고 그 관계를 계속 이어나가느냐가 중요해요. 만약 사람을 정말로 좋아하고 친구 사귀는 데 자부심이 있다면, 이 일도 잘할 거라고 생각해요."

그로부터 20년 뒤, 앤서니는 아직도 그 금융 회사에서 일하고 있다. 시간이 흘러 그가 쌓아온 관계가 돈독해지면서 승진까지 이어졌고 지금 그가 맡은 부서는 미국 전역의 수많은 가족을 위해 10억 달러가 넘는 돈을 관리하고 있다. 가장 중요한 건 앤서니는 여전히 내가 만난 가장 행복한 사람이라는 사실이다. 그가 직장에서나 개인적으로나 성공할 수 있었던 이유는 무엇일까?

앤서니는 파티에서 사람들에게 말을 걸지 못하고 대화할 핑계를 만들기 위해 맥주 근처에 서성이는 사람이지만 이렇게 말한다.

"난 사람들이 인생에서 승리하길 바라. 나를 만나는 사람들은 그런 내 진심을 느끼는 것 같고, 꾸준하게 연락해서 내가 최선을 다하고 싶다는 걸 보여주려고 해."

우정은 선택이다

어릴 때부터 친구를 사귀는 일이 항상 쉬웠던 건 아니지만, 학교에 다닐 때는 이 버거운 일이 조금은 수월했다. 당신도 대학에 다녔다면 아마 비슷한 경험을 했을 것이다. 그때 우리에게 더 어려웠던 건 혼자만의 시간을 갖는 것이었을지도 모른다.

하지만 졸업 이후 어떤 일을 하느냐에 따라 친한 친구를 사귀기가 힘들어지기도 한다. 어른의 책임감을 짊어지고 있다가 문득 주위를 돌아보며 이런 생각을 한다.

'분명 친구가 많았었는데. 다 어디로 간 거지?'

만약 이런 경험이 있다면 당신에게만 일어나는 일이 아니라는 걸 알려주고 싶다. 매튜 리버먼(Matthew Lieberman)의 책《사회적 뇌: 인류 성공의 비밀(Social: Why Our Brains Are Wired to Connect)》에서 대략 20년 간격으로 이루어진 설문조사의 극명한 차이를 엿볼 수 있다. 1985년에 시행된 첫 번째 설문조사에서는 중요한 문제를 상의할 수 있는 사람이 주위에 몇 명이나 있느냐는 질문에 평균 세 명이라는 결과가 나왔다. 하지만 2004년에 시행된 두 번째 설문조사에서는 참가자 대부분의 답변이 0명이었다. 놀랍게도 참가자 중 37퍼센트만이 세 명 이상이라고 답했는데, 20년 전보다 확연히 줄어든 수치였다.[1] 이 골치 아픈 현상은 1980년대 이후로 외로움을 느끼는 비율이 두 배를 넘어서면서 계속 심각해지고 있다. 미국 공중보건국장 비벡 머시(Vivek Murthy)는 많은 사람이 경험하는 외로움을 유행병이라고 부르기도 했다.²

아마 여러분도 이 수치가 무섭게 느껴질 것이다. 관계를 맺고 공동체에 참여하는 건 행복 수치가 증가할 뿐만 아니라 신체 및 정신 건강에도 좋다는 건 누구나 아는 사실이다. 우리는 끊임없이 연결된 세상에 살고 있지만 많은 사람이 하루하루를 헤매는 것 같은 기분을 느낀다. 이를 두고 MIT 사회학 교수인 셰리 터클(Sherry Turkle)은 "함께 외롭다(Alone Together)"는 표현을 썼다.³

내가 사람들에게 먼저 다가간 이유는 그들이 하는 일을 배우고 싶어서였다고 했다. 사실 그 이유는 일부에 불과했다. 가장 큰 이유는 내가 너무 외로웠기 때문이다. 당시 우리 가족은 아내의 가족과 가까운 곳에 살기 위해 바르셀로나 근처 작은 마을로 이사를 했다. 우리에게는 서로가 있었고 귀여운 두 아들도 있었지만, 머지않아 스페인이 내 집이 될 거라는 사실을 인지하고는 큰 충격을 받았다. 나만의 사회적 집단이 없었기 때문이다. 아내가 일하는 동안 나는 원격 근무를 하면서 아이들을 돌보는 일을 맡았다. 그래서 아이들 친구의 부모나 아내의 친구들을 주로 만났다. 하지만 단순히 접근하기 편한 모임보다는 같은 취향을 가진 나만의 모임이 그리웠다. 나와 같은 언어로 커리어 및 개인의 발전에 대해 글 쓰는 걸 좋아하는 사람들을 찾기는 어려운 일이었다.

아내에게 이 사실을 털어놓는 것도 힘들었다. 혹시 내가 아내나 아이들로는 충분하지 않다고 생각할까 봐 걱정되었다. 다행히도 내가 친구들을 그리워한다는 걸 아내도 느꼈기 때문에 많은 걸 설명할 필요는 없었다. 잠시 우울했던 시기를 지나 앤서니와 같은 사람들의 도움을 받은 나는 외로움을 해소하기 위해 무엇이든 해보기로 결심했고 다른 작가와의 관계를 발전시키기로 했다. 이제 막 싹이 튼 관계를 온라인 친구 이상으로 만들기로 계획한 것이다.

침착함은 곧 순조로움이요, 순조로움은 곧 신속함이다

나는 미국 특수부대 출신인 형 그레그와 30년 동안 공군으로 복무한 아버지 밑에서 자라면서 자주 들었던 말이 있었다.

"침착함은 곧 순조로움이요, 순조로움은 곧 신속함이다."

이는 신속하게 일을 처리하고 싶다면 올바른 단계를 차근차근 밟아나가라는 의미다. 내가 신념에 따라 천천히 확실한 단계를 밟아 사람들에게 다가갔던 건 현명한 선택이었다. 상대의 답장이 짧더라도 답장을 보낸 것만으로도 우리 사이에 대화의 길이 열린 것이다. 나는 답장을 받으면 바로 원하는 것을 요구하기보다는 네 가지 유형의 메시지를 보내는 방법으로 관계를 발전시켰다.

- ✦ 책 추천과 같은 흥미를 느낄 만한 짧은 메시지
- ✦ 그 사람이 써주면 좋겠다고 생각한 글감
- ✦ 구글에서 쉽게 검색할 수 없는, 그 사람에게 물어보기에 가장 적절한 질문
- ✦ "이걸 보고 당신 생각이 났어요"라는 말과 함께 아무거나

내가 어떤 거대한 전략을 가지고 접근했던 게 아니라는 걸 명심해야 한다. 나는 그저 거절이 두려웠을 뿐이고, 때로는 그게 멋진 결과로 이어졌다. 당신이 밀레니얼 세대거나 그보다 더 어리다면 믿기지 않을 수도 있지만, 40대 이상인 사람들은 아무리 직함이 높고 경력이 많더라도 온라인에 잘 적응하지 못한다. 마치 새로운 언어를 배우는 것과 비슷하게 느껴진다. 하지만 스스로 부족하다는 생각은 오히려 이런 질문을 만들었다. "내가 충분하다는 생각이 들려면 어떻게 해야 할까?" 이 단순한 질문 덕분에 나만의 속도로 움직이면서 사람들의 다양한 스타일을 파악할 수 있었다.

오프라인에서는 분위기를 편안하게 하고 상대에게 나를 파악할 시간을 주기 위해 가벼운 잡담이 필요하다. 온라인에서도 가벼운 연락을 통해 그 사람의 작품 안팎으로 내가 어디에서 호기심을 느끼는지 보여줄 수 있고, 상황이 허락되면 나라는 사람에 대해서도 드러낼 수 있었다. 그리고 그 결과 사람들이 나에게 호감을 느꼈다. '7의 법칙'이 얼마나 효과적인지를 실감할 수 있었다.

당신이라면 누구와 가까워지고 싶겠는가? 단 한 번 연락하고 당신에게 시간을 내달라고 요청하는 사람일까? 아니면 꾸준한 관심을 드러내면서 인간으로서 당신을 알아가고 싶은 마음을 분명히 보여주는 사람일까?

온라인에서 나의 안전지대를 먼저 찾은 다음 상대가 편안하게 느끼는 지점을 고려하자, 더 이상 첫 메일을 보낼 때처럼 기발한 인사말을 떠올리거나 나의 배경에 대해 자세히 설명할 필요가 없어졌다. 그들에게 통화를 하고 싶다는 메시지를 보낼 때는 먼저 그들의 생각을 얼마나 높게 평가하는지 이야기한 다음, 대화를 나눌 수 있는지 물어본다. 당연히 답장을 보내지 않거나 거절하는 사람도 있다. 때로는 상처가 되었고 이게 옳은 길인지 의심을 품기도 했다. 하지만 그럴 때마다 나는 네 가지 진리를 떠올렸다.

- ✦ 사람들은 자기만의 우선순위가 있다.
- ✦ 타이밍이 중요하다.
- ✦ 모든 사람과 친해질 수는 없다.
- ✦ 모든 사람이 모르는 사람과 통화하는 걸 즐기는 건 아니다.

내가 손을 내민 사람들은 나와 위치가 비슷하거나 나보다 한 단계 낮거나 높은 사람들이었기 때문에 긍정의 답을 받는 비율이 훨씬 높았고, 이따금 받는 거절을 상쇄시키고도 남았다.

가벼운 연락에서
친밀한 관계로 넘어가기

내가 처음 '낯선 사람'과 통화를 했던 순간을 잊을 수가 없다. 그 사람은 베스트셀러《오늘날의 리더에게 필요한 정서 지능(Emotional Intelligence for the Modern Leader)》의 저자인 크리스토퍼 코너스(Christopher Conners)였다. 당시 회사에 다니고 있던 크리스토퍼는 나처럼 새로운 도전을 고민하고 있었다. 내가 전화 통화를 제안했을 때 그는 흔쾌히 수락했을 뿐만 아니라 나의 적극적인 태도에 감탄하며 자기도 같은 목표를 꿈꾼다고 말했다.

크리스토퍼가 사우스캐롤라이나주의 찰스턴에 산다는 사실은 우리의 첫 번째 통화가 이루어지는 데 큰 역할을 했는데, 나도 20대 후반에 그곳에서 1년 정도 살았기 때문이었다. 같은 지역에 살았던 경험과 글쓰기에 대한 애정, 또 새로운 사람을 만나기 위해 도전하는 게 얼마나 중요한지에 대해 대화를 나누다 보니 어느새 통화가 끝났다. 이후에도 계속 연락을 이어가자고 약속했고 지금도 우리는 꾸준하게 연락하고 있다.

하지만 모든 통화가 순조롭게 흘러갔던 건 아니다. 어떤 사람과는 의견이 잘 맞지 않거나 대화가 매끄럽지 못했다. 그렇지만 몇 번 통화를 나누면서 흥미로운 이야기가 오갔기 때문에 계속 연락을 이어오거나 서로의 일을 돕기도 했다. 나는 대화가 매끄럽지 못하다고 생각했는데 다음 날 상대로부터 통화가 매우 즐거웠다는 연락을 받은 적도 있다. 그 사람은 이렇게 말했다.

"집에서 일하는 게 좋기만 한 건 아니에요. 가끔 동굴에 갇힌 것 같은 기분이 들기도 했는데, 당신이 매주 하는 습관을 나도 해보고 싶다는 생각이 들었어요."

나에게는 눈이 번쩍 떠지는 연락이었다. 매주 전 세계의 사람들과 이야기를 나누면서 깨달은 건 많은 사람이 모르는 사람의 전화를 받게 되는 건 당연하게도 인맥을 넓히고 싶다는 욕구 때문이었다. 하지만 그와 비슷하게, 많은 이가 친분을 쌓기 어려운 원격 및 하이브리드 근무의 세계에서 사람과의 관계를 갈망했다. 관심이 가는 사람에게 먼저 연락하는 방법처럼 적극적으로 나서서 용감하게 도전한다면 우리의 일상은 더욱 즐겁고 의미 있을 것이다.

하지만 이 기술을 익히기 위해선 주체적으로 행동해야 한다. 효과적으로 연습하기 위해 우선순위에 두고 최선을 다해야 한다. 친분을 만들고 우정을 유지할 수 있는 방법은 아주 다양하다. 앞으로 소개할 나의 경험으로 입증된 방법은 오프라인과 마찬가지로 온라인에서도 적용된다. 나는 인생을 살아가는 데 오프라인 친구가 꼭 필요하며 온라인 친구는 이를 대신할 수 없다고 굳게 믿는다. 하지만 온라인도 잘만 활용한다면 오프라인에서의 관계로 발전시킬 수 있는 훌륭한 도구가 된다. 그러기 위해선 내 목적은 잠시 내려두고 다른 사람의 목표를 도울 수 있게 시간을 들여야 한다.

최고의
우정 비법서

내 친구 앤서니는 일찍이 어떤 디테일도 사소하지 않다는 교훈을 배웠다. 그는 자기가 유일한 고객이라는 느낌을 받길 원하는 (또 그걸 기대하는) 150~200명 정도 되는 고객들의 최신 정보를 항상 파악하고 있다. 내가 그 비결을 묻자 그는 이렇게 답했다.

"나는 기억력이 나빠. 그래서 열심히 기록하는 편법을 쓰지. 사소한 일을 기억하면 놀라운 일이 가능해지더라고."

앤서니는 업무 외에 친구들에게도 같은 방법을 쓴다. 그는 친구들에게 어떤 일이 있는지 기록하고 그들이 잘 지내는지 확인하기 위해 달력에 알림을 설정해 놓는다. 하지만 기본적인 정보만 기록하는 건 아니다. 친구들이 지금 무슨 일을 겪고 있는지, 예를 들어 자녀들의 어린이 야구 리그가 어떻게 진행되었는지 또는 건강 문제가 있었던 배우자는 잘 지내고 있는지 등 구체적인 내용이 들어 있다. 앤서니는 고객이나 친구들이 몸 상태가 좋지 않으면 따뜻한 수프를 배달해 주는 걸로도 유명하다.

내가 회사에 다닐 때도 관리자가 이와 유사한 방법을 가르쳤다. 입사하고 첫 달 동안 그는 내가 전화를 끊을 때마다 집요하게 나를 따라다니며 "그 고객님은 결혼하셨나?" 등을 쉴 새 없이 물었다.

"그렇다면 아내의 성함은 무엇인가? 자녀에 대해서는 물어보왔나? 자녀가 있다고 하던가? 마당에서 개 짖는 소리가 들렸는지 말해주게! 나는 강아지를 너무 좋아해! 강아지 이름은 뭐였나? 이봐, 마이크, 자네는 이런 것들을 알아야 하네!"

앤서니와 관리자의 조언대로 어디를 가나 항상 수첩을 가지고 다녔던 건 나에게 가장 큰 영향을 미쳤다. 하지만 이 습관의 유용성을 극대화하려면 내 생각이나 할 일만 적는 게 아니라 다른 사람에게 중요한 건 무엇이고 그들에게 무슨 일이 일어나고 있는지도 꾸준히 기록해야 한다.

과학 기술 덕분에 우리는 단 몇 초 만에 문자와 이메일, 소셜 미디어를 통해 무슨 일이 일어나는지 확인할 수 있다. 생각해 보자. 만약 면접을 보기 전에 "당신을 데려가는 회사는 정말 행운이겠어요"라고 말하는 연락을 받는다면 기분이 어떨까? 꽤 기분 좋지 않겠는가? 아니면 이런 연락은 어떨까?

"바쁘실 테니 답장은 안 주셔도 되지만, 당신의 어머니가 잘 지내시길 바란다고 말하고 싶었어요."

아니면 그 사람의 생일에 문자를 보내거나 페이스북에 댓글을 다는 대신 전화 한 통을 하는 간단한 방법도 좋다. 내가 아이들과 함께 전화로 "생일 축하합니다" 노래를 불러주면 많은 사람들이 좋은 반응을 보였다.

주위에 있는 모든 사람의 정보를 계속 파악해야 한다고 생각하면 부담스럽게 느껴질 수도 있다. 너무 많은 사람을 끌어들이지 않는 게 중요하다. 인스타그램이나 링크드인에 천 명의 친구가 있다고 해도, 아마 여러분이 깊은 관계를 유지하고 싶은 건 대여섯 명에서 스무 명 사이일 것이다. 이 사람들을 꽉 붙잡자. 그리고 최선을 다하자. 나는 그 힘을 직접 경험했다. 최근에 가족이 건강 문제를 겪고 있을 때 여러 친구와 독자들이 연락을 해왔고, 그들의 사려 깊은 메시지가 아주 큰 위로가 되었다. 인간관계에 있어서 '사소한 친절' 같은 건 없다. 그냥 친절만 있을 뿐이다.

또한 누가 당신에게 어떤 도움을 주었는지 점수를 매기지 않도록 주의해야 한다. 사람은 누구나 자기만의 어려움을 겪는다. 그 사람이 먼저 연락하지 않으면 우리가 연락하면 된다. 인간관계를 유지하는 데 있어 내가 배운 점은 누군가를 만나기 위한 열 걸음 모두 내가 다가가야 할 때도 있다는 것이다.

빈도가
기간을 이긴다

〈뉴욕 타임스(The New York Times)〉에 실린 한 연구에 따르면 우정이 오래 유지되려면 15일마다 연락해야 한다고 한다.[4] 분명 기억해 두면 도움이 될 만한 정보다. 하지만 우정을 돌보기 위해서 엄청난 공을 들인다거나 일상에 방해가 될 정도로 시간을 투자할 필요는 없다. 재미있는 영상을 발견했을 때 아무나 볼 수 있는 소셜 미디어에 올리기보다는 친구에게 문자나 메일로 보내는 간단한 방법도 좋다. 아니면 최근에 찍은 사진을 보내면서 같이 놀고 싶다고 연락하는 방법도 있다. 진정한 외로움의 고통은 주위에 의지할 사람이나 도와줄 사람이 아무도 없다는 믿음에서 피어난다. 보살핌을 받고 싶고 또 보살펴주고 싶은 욕구는 인간 내면에 내재되어 있으며, 외로움은 모두를 아우르면서도 매우 개인적인 투쟁이다.

《무조건 행복할 것(The Happiness Project)》의 저자 그레첸 루빈(Gretchen Rubin)은 그녀의 팟캐스트 '해피어(Happier)'에서 격리 기간 동안 친구들과 매주 평범한 일상이나 경험을 나누는 따분한 메일을 주고받았다고 했다.[5] '매주 따분한 이메일'을 보내라는 게 언뜻 이해가 안 될 수 있지만, 그 이유는 아주 놀라웠다. 이 아이디어가 떠오른 건 코로나 격리 제한이 풀리기 시작하면서 사람들이 매끄러운 대화를 나누기 힘들어한다는 이야기에 그레첸의 어머니가 통찰력 있는 말을 던졌을 때였다고 한다.

"자주 연락이 될 때는 서로에 대해 할 이야기가 많지만, 소식이 뜸한 사람과는 할 말이 떠오르지 않지."

이 기발한 방법의 핵심은 서로 어떤 정보를 나누느냐에 있는 게 아니다. 그보다는 서로의 일상을 얼마나 자주 공유하느냐가 중요하다. 자주 일상을 공유하면 대화의 시작점이 생겨 대화가 물 흐르듯 흘러간다. 예를 들어, 오랜 친구와 우연히 만나거나 통화를 하게 된다면 어떤 주제부터 대화를 시작해야 할지 곤란할 수 있다. 마지막 대화를 나눈 뒤로 너무 많은 일이 일어났기 때문에 어디에서부터 시작해야 할지 파악하기가 어렵다. 아마 며칠 전에 만든 너무 맛있었던 샐러드나 보드게임에서 마침내 아들을 이겼다는 말을 꺼내지는 않을 것이다. 결국 지루한 대화에 빠지고 마는 것이다.

"요즘 어떻게 지내?"

"똑같지, 뭐. 너는 어떻게 지내?"

그레첸이 추천하는 방법에서 가장 좋은 부분은 친구의 메시지에 답장할 필요가 없다는 것이다. 그냥 친구의 메시지를 읽기만 하면 된다. 그러면 대화를 나눌 때 친구의 새로운 요리 실력이나 카드 게임에서 이기는 전략과 같은 이야기로 바로 뛰어들 수 있고, 자연스럽게 더 깊은 대화로 이어지게 된다.

많은 스페인 사람처럼 여기에 사는 내 친구들 대부분도 미국 스타일의 자기 계발이나 사업에 관한 글이 모든 걸 깨우친 척하는 것 같다며 관심이 없다. 나는 그들과 이에 대해 논쟁하기보다는 매달 내 글을 포함한 몇 가지 글을 친구들에게 보내서 편하게 불만을 털어놓을 수 있게 한다. 좀 이상하게 들릴 수도 있지만, 술 한잔할 때 자녀 이야기 말고도 이야기할 주제를 만드는 데 아주 효과적이었다. 그리고 나는 일주일에 한 번씩 긴 산책을 하면서 고향 친구들이 전화를 받지 못하면 음성메시지를 남기곤 한다. 어떤 사람들은 음성메시지를 별로 안 좋아한다. 하지만 나는 좋아하고, 역시 그걸 좋아하는 친구들과 이를 공유한다.

최고의 아이디어를
대가 없이 나눠주기

나는 이 책을 쓰는 동안 크리스토퍼 코너스에게 연락해 우리의 첫 대화를 곱씹어 보았다. 그는 내가 수많은 아이디어를 주었던 게 가장 먼저 기억난다며, 내가 그와 가까워지기 위해 얼마나 많이 고민했는지가 엿보였다고 말했다. 그리고 리더를 위한 정서 지능에 관한 크리스토퍼만의 생각이 확고했고 나도 그걸 좋아했기 때문에 내가 그 주제를 정하라고 적극 권장했다는 사실도 짚어주었다.

"절대 잊지 못할 거예요. 당신이 내게 그 씨앗을 심어주지 않았다면 내가 여기까지 올 수 있었을지 모르겠어요."

만약 당신도 누군가를 위한 좋은 아이디어가 생각났다면, 머릿속에 고이 담아두지만 말자. 이런 연락을 보냈을 때 어떤 놀라운 결과가 일어날지 기대되지 않는가?

"좋은 생각이 떠올랐는데, 당신 생각이 나더라고요. 당신과의 대화에서 정말 많은 걸 얻었고, 그래서 저도 몇 가지 좋은 아이디어를 가볍게 던져볼까 해요."

최근 내 수업을 들은 알렉스 그리고르예프(Alex Grigoryev)는 디자인 사고 및 교과과정 설계에서 10여 년의 경력을 쌓았는데, 그는 내 교과과정을 다시 설계해서 효과를 극대화해 보자는 제안을 했다. 그의 제안은 나에게 큰 의미였다. 그리고 현재 우리의 관계는 더 돈독해졌고, 서로의 글쓰기도 도와주고 있다.

　　지식과 경험을 모으는 주된 목적은 다른 사람에게 전달하기 위함이다. 다른 사람들이 무엇을 이루고 싶어 하는지 생각하고 또 당신의 능력으로 그 결과를 어떻게 증폭시킬 수 있을지 고민해 보자. 대가를 기대하지 않고 좋은 아이디어를 나눠주다 보면 자기 자신을 넘어서 사고를 확장하게 되며, 이는 오래 지속되는 관계를 맺기 위한 핵심 요소다. 진실된 칭찬 한마디가 그러하듯 당신이 나눠준 아이디어 하나가 누군가를 어디로 데려갈지는 결코 알 수 없다. 게다가 머릿속에 떠오른 모든 아이디어를 실현할 시간이 부족하기 때문에 다른 사람에게 아이디어를 넘겨주고 그 사람이 어떻게 발전시키는지 지켜보는 것도 좋다. 누군가가 멋진 일을 해내는 데 한몫하는 것이야말로 정말 멋진 일이다.

인맥을 자랑하는 사람이 되자

'인맥을 자랑하는 사람'이라는 말을 들으면 대부분의 사람은 자기가 아는 유명인을 끊임없이 떠벌리는 사람을 떠올릴 것이다. 물론 그런 사람이 실제로 존재하고, 보기 좋은 모습은 아니다. 하지만 세상에는 더 자주 사용할 수 있는 또 다른 유형의 인맥 자랑이 있다. 그건 바로 주변 친구들을 자랑하는 것이다.

친구가 당신에 대해 좋은 이야기를 하고 다닌다는 걸 알면 어떨까? 기분 좋을 것 같지 않은가? 누구나 특별한 점이 있음에도 사람들은 비슷한 점이 더 많다. 대표적인 예시로, 사람들은 자기를 칭찬하는 사람을 좋아한다. 그뿐만이 아니라 우리가 다른 사람에 대해 어떻게 말하는지가 사람들이 우리를 어떻게 바라보는지에 영향을 준다고 한다. 만약 당신이 누군가에 대해 나쁘게 말하면 사람들은 당신이 그 사람을 묘사하기 위해 쓴 표현을 당신과 연관 지어 생각한다는 의미다. 다행히 이는 반대로도 적용된다. 그러니 사람들이 당신을 칭찬하길 원한다면, 당신도 다른 사람을 칭찬하라.

한 사람을 알아가기 위해 노력할 때의 가장 멋진 점은 그 사람과 가까워지면 그들의 인맥과 연결될 수 있고 반대로 당신의 인맥을 그들에게 연결시켜 줄 수 있다는 것이다. 나는 새로운 사람을 만날 때마다 관심사가 비슷하거나 능력을 발전시키는 데 도움이 될 사람을 연결해 주려고 최선을 다한다. 그렇게 내가 다리를 놓아준 몇몇 친구는 지금도 함께 사업을 운영하고 있다. 그 과정에서 내가 작은 역할을 했다는 사실이 우리 사이를 더 가까워지게 했다. 관계의 기반은 서로를 도와주는 데 있기 때문이다.

당신이 존경하는 사람들을 맘껏 뽐내자. 그리고 당신이 다리를 잘 놓아주는 사람이라는 걸 넌지시 알려라. 내가 연결해 줬던 모든 인맥 중에서 가장 뿌듯했던 건 도움이 필요한 친구에게 도움을 줄 수 있는 장래가 유망한 사람을 소개해 준 것이었다. 인맥을 쌓고 싶다고 해서 열정적인 영업 사원처럼 필사적으로 다른 사람들의 명함을 나눠줄 필요는 없다. 만약 주변에 높이 평가하거나 놀라운 가능성이 보이는 사람이 있다면 대화를 나누면서 자연스럽게 그들의 이름을 언급하며 만나보기를 권해보자. 결국 우리의 인생을 좌우하는 건 누구로부터 영감을 받느냐가 아니라 서로를 돕고자 하는 의지다.

계획을 세우면 우선시할 수 있다

내 일에 변화가 생길 때 친구, 특히 아내와 아이들보다 일을 우선시하고 있다는 괴로운 기분이 들어 불안해지기도 했다. 사회적 소통 분야에서 일하는 사람으로서 사기꾼이 된 것 같았다. 나의 명상 코치이자 가까운 친구인 저스틴 카프리(Justin Caffrey)는 그런 나에게 아주 단순하고 천재적인 방법을 추천했다.

"매주 일요일 밤 스케줄에 가족이나 친구와 보내고 싶은 절대 타협할 수 없는 시간을 계획한 다음, 남은 시간을 일로 채워."

앤서니가 고객과 친구를 모두 중요시할 수 있었던 비법도 저스틴의 조언과 비슷한 맥락이었다. 앤서니는 "할 수 있는 한 자동화해"라고 권했다. 그는 친구들과 함께하는 시간이 끝나기도 전에 달력을 꺼내 다음 모임이나 통화할 계획을 잡는다. 매주, 매달, 분기

별, 심지어 매년 만나는 정기 모임이나 고정 모임을 만드는 것도 좋아하는 사람들과 계속 관계를 유지하기 위한 효과적인 방법이다. 더 자주 만나고 싶은 사람과는 매달 마지막 토요일에 하이킹 약속을 잡을 수도 있다. 아니면 멀리 이사를 간 친구라면 두 달에 한 번씩 영상 통화를 하는 것도 좋다. 스페인에 사는 내 친구 조안은 매주 목요일 저녁 식사 모임을 연다. 앤서니는 정기 모임 외에도 봄이 되면 고등학교 친구들과 주말 여행을 계획한다.

당신 인생에서 중요한 사람들의 명단을 적어보자. 매주, 매달, 분기별, 또는 매년 만나고 싶은 친구들은 누구인가? 사람들에게 딱지를 붙이거나 분류하는 기분이 들어 무정하다고 느껴질 수도 있다. 하지만 우리의 시간은 한계가 있기 때문에 더 중요한 사람을 우선순위에 둘 수밖에 없다. 앤서니의 경우에는 가장 친한 친구와는 매주 연락하고 싶고 적어도 한 달에 한 번은 만나거나 통화하고 싶다고 한다. 그리고 다음으로 친한 친구와는 매달 연락하고 1년에 몇 번 정도 만나기로 계획한다.

앤서니를 포함해 내가 아는 단단한 인간관계를 가지고 있는 사람들의 눈에 띄는 특징은 진심으로 사람을 좋아하고 그들과 함께한다는 데 굉장한 자부심을 느낀다는 점이다.

"안 좋은 일이 있을 때도 언제나 그들 곁에 있어줄 거라는 믿음을 주는 사람이 되는 건 아주 중요해."

앤서니가 말했다.

"그렇지만 그들에게 기쁜 일이 있을 때 제일 먼저 연락하는 사람 중 하나라는 사실을 아는 것만큼 나를 기쁘게 하는 건 없어. 그들이 함께 기쁨을 나누고 싶은 사람이라는 데 자부심을 느끼지."

그러기 위해선 물론 노력이 필요하겠지만, 케빈 켈리의 멋진 말을 기억하자.

"인생에서 최고를 얻으려면 노력이 필요해요. 아내를 위해 직접 만든 선물은 아마존 여행에서 사 온 값비싼 선물보다 귀중해요. 일 때문이든 그냥 보고 싶어서든, 전화하거나 직접 얼굴을 보려고 노력하면 온라인보다 더 견고한 관계를 만들 수 있어요."

케빈의 말이 옳다. 가장 좋은 경험이 페이스북에서 일어났다고 말하는 사람을 본 적이 있는가? 새로운 사람에게 매주 전화를 걸고 기존의 관계를 발전시키고 유지하기 위해 노력하면, 성취감은 물론이고 다양한 아이디어도 얻을 수 있다. 하지만 목표를 과하게 세워서 너무 많은 사람에게 너무 많은 걸 해주려고 애쓸 필요는 없다. 소규모의 관계에 집중하면서도 약한 유대 관계를 위한 여지를 남겨둘 때 진정한 보물을 발견할 수 있다.

열등감 문제 연작

단점은
관계로
보충하라

내 글쓰기와 코칭 경력이 날개를 달고 날아오른 순간을 정확히 기억한다. 2019년 2월 9일, 토요일 아침 8시 31분이었다. 밤새 한 살짜리 아들 루크의 침대 옆 바닥에서 잠을 자고 일어난 참이었다. 눈을 떠보니 루크는 침대 난간 사이로 나를 쳐다보며, 지난밤 나를 고문하던 일은 전혀 모른다는 듯 방긋 웃고 있었다. 나는 자리에서 일어나서 기지개를 켜고, 대부분의 부모라면 공감할 법한 사랑과 원망이 뒤섞인 얼굴로 루크를 본 뒤 시간을 확인하기 위해 핸드폰을 들었다가 알림이 폭주한 걸 알게 되었다.

"말도 안 돼. 새로운 메시지가 37개나 있다고?"

루크를 토닥이며 다시 재우는 동안 구부정한 자세로 정신을 겨우 차려보니, 스페인의 작은 산동네에서 거의 만 킬로미터나 떨어진 뉴욕에 사는 유명한 블로거가 자신의 뉴스레터에 내 글이 너무 좋다며 소개했다는 사실을 알게 되었다.

"라이아!"

나는 소리 질렀다. 얼마나 이른 시간인지 아내가 아직 잠들어 있는지는 신경 쓰지 않았다.

"정말 깜짝 놀랄 거야! 엄청난 일이 일어났어!"

아내의 반응은 어땠냐고? 부스스 잠에서 깬 그녀는 내가 루크에게 보였던 사랑과 원망이 뒤섞인, 대부분의 부부라면 공감할 법한 표정으로 답했다. 그로부터 48시간 동안 나는 반쯤 정신이 나갔다. 꿀 과자에 앉은 벌처럼 나는 조회수와 메시지 알림이 폭발하는 핸드폰에 눈을 뗄 수 없었다.

조회수 100,000, 조회수 150,000, 조회수 200,000.

큰 인기를 끄는 '한잔의 조(Cup of Jo)' 블로그의 주인공 조아나 고다드(Joanna Goddard)가 부린 마법 덕분에 내 글은 25만 조회수를 훌쩍 넘었다. 하지만 가장 좋았던 건 그 글의 주제가 아침에 웃는 얼굴로 눈뜨는 삶을 살기 위해 어떻게 해야 하는지에 관한 것이었다는 사실이다. 번지르르한 마케팅은 없었고 서비스를 강요하지도 않았다. "성공하려면 이것을 해야 합니다!" 같은 명령도 없었다.

사실 그 글에는 내가 인생을 살면서 저지른 바보 같은 결정이나 바로잡고 싶은 선택에 관한 이야기가 많다. 나의 솔직한 이야기를 향한 대중의 반응에 깜짝 놀랐다. 그만큼 놀라웠던 부분은 함께 일하자고 연락해 오는 사람이 많아졌다는 사실인데, 불안 증세로 어려움을 겪은 이야기를 털어놓는 게 개인 브랜드에는 좋을 게 하나도 없다고 생각했기 때문이었다.

하지만 내 글이 입소문이 난 이유는 내 실력 때문만은 아니었다. 조아나의 마법 때문만도 아니었다. 내 글과 경력이 날개를 펼칠 수 있었던 건, 매주 전화를 하는 습관을 유지하는 동안에도 짬을 내서 서로의 성장을 돕는 작은 규모의 모임을 만들었기 때문이었다.

한 번의 결정이 인생을 바꿀 수 있다

내가 모르는 사람들에게 연락하기 시작했을 때, 온라인에 글을 쓰기 시작하는 데 큰 영감을 준 스물다섯 살의 독일 작가 니클라스 괴케(Niklas Goeke)는 내 리스트에 첫 주자로 이름을 올렸다. 닉의 글을 읽으며 스무 권이 넘는 베스트셀러를 썼고 창작 분야에서 가장 존경받는 전문가인 세스 고딘(Seth Godin)이 떠올랐다. 어떤 글보다도 가장 나를 생각에 잠기게 했던 닉의 글을 읽은 다음 날 나는 독일의 작은 마을에 사는 수줍음 많던 아이가 어떻게 그렇게 빨리 자기 자신으로 살아갈 용기를 찾을 수 있었는지 알아야 했다.

그와 가까워지고 싶은 마음은 굴뚝같았지만 연락하기가 망설여졌다. 그가 너무 바쁠 거라고 짐작했고, 내 경력도 아직 부족하다고 생각했다. 다행히 미래에 있을 통화에 너무 스트레스받을 필요가 없었는데, 그에게 대화를 나누고 싶다는 연락을 보내자 그가 짧은 거절의 답을 보내왔기 때문이었다.

"지금은 작업에 집중하고 있어서 세 달 동안 어떤 전화도 받지 않고 있어요."

그리고 100일을 기다린 후, 나는 다시 연락을 보냈다. 이번에는 그가 긍정의 답을 보냈다.

"기다려주셔서 감사해요."

닉이 작업을 하는 동안 나는 다른 작가들에게 계속 연락을 보내고 있었는데, 문득 좋은 아이디어가 하나 떠올랐다. 새로운 사람을 알아가는 게 재미있었던 건 글쓰기를 좋아하는 마음 하나로 연결된 대화가 즐거웠기 때문이었다. 하지만 문제가 하나 있었다. 아무리 즐거운 첫만남을 가졌어도 인맥이 늘어나면서 꾸준히 연락하기가 점점 힘들어졌다. 그중에는 대화가 정말 잘 통하는 사람도 있어서 더 아쉬웠다. 그러던 어느 날 이런 생각이 들었다.

'이 사람들과 친분을 쌓고 서로의 일을 돕는 소규모 마스터마인드 그룹(소규모의 사람들이 모여 서로의 일을 지지하며 함께 성장하는 그룹-옮긴이)을 만들자고 제안해 보면 어떨까?'

닉과 내가 마침내 연락이 닿았을 때, 우리 사이에는 두려움을 극복하고 원하는 목표로 나아가는 데 있어 서로를 존중하는 마음이 있다는 걸 확실히 알았다. 나는 협업툴 슬랙(Slack)에서 마스터마인드 그룹을 만들 계획을 세우고 있다고 설명한 뒤 닉도 참여할 의향이 있는지 물었다. 그가 이 제안을 받아들이면 일이 빠르게 진행될 게 분명했다. 하지만 이번에도 그의 답은 빨랐다. "아니요, 저는 흥미가 없어요"라는 답을 받았고 우리는 각자의 길을 가기로 했다.

하지만 일주일 후 재미있는 일이 일어났다. 난데없이 닉이 메시지를 보내온 것이다.

"에라, 모르겠다. 저도 참여할게요. 혼자 일하는 건 지긋지긋해요. 당신이 언급했던 사람들에게 이 모임에 참여할 건지 물어보는 중이에요. 한번 진행해 봅시다. 제가 어떤 걸 하면 될까요?"

그 답장을 평생 잊지 못할 것 같다. 나는 온라인에서 아무런 존재감이 없는 사람이었는데도 몇십만 팔로워가 있는 이 남자가 나와 한 팀이 되겠다고 말하고 있었다. 온라인 모임을 만들고 슬랙을 활용하는 데 아무것도 몰랐던 나는 내가 자주 하는 방법을 선택했다. 바로 도움을 구하는 것이었다.

공식적으로 모임을 열기 전에 소수의 멤버와 나는 처음부터 참여와 존중을 확실히 하기 위해 몇 가지 기본적인 운영 원칙과 규범을 세웠다. 또한 멤버들은 아이디어를 나누기 위해 최소 일주일에 한 번은 연락하기로 했고, 이외에도 다음 원칙들이 포함되었다.

- ✦ 초기 목표를 확실히 세우기(글쓰기 실력을 발전시키고 링크드인 계정을 키울 수 있도록 돕기)
- ✦ 모든 멤버는 직업적 목표와 일 외적으로 자신이 어떤 사람인지 보여

- 주는 재미있는 자기소개 올리기
- ✦ 공통 관심사를 공유하는 멤버들끼리, 또는 아직 대화를 나눈 적 없는 멤버들끼리 통화할 수 있는 자리 마련하기
- ✦ 매달 그룹 통화에 참여하기

이런 원칙을 세운 덕분에 모임이 열렸을 때 초기 인원은 열댓 명에 불과했지만, 내부에서 오가는 메시지는 일주일에 2,000개가 넘었다. 또한 '다른 사람의 할 일 목록 기억하기' 등 여러 습관을 활용해서 참여도가 잘 유지되도록 했다. 나는 수많은 아이디어를 무료로 제공했고, 내가 알고 지내는 또 다른 작가들과 멤버들은 종종 그룹 밖에서 새로운 친분을 쌓기도 했다. 멤버들 대부분이 외향적인 성향이 아닌 데다가 끝없는 자기 홍보에 지쳐 있었기 때문에 우리는 링크드인에서 만든 해시태그 #당신의인맥을소개하세요를 통해 서로의 작업물을 홍보하는 방법을 고안했다. 그리고 이 방법은 여러 방면에서 현명한 선택이었음이 밝혀졌다.

첫째, 상태 업데이트에 "토니 로빈의 명언은 충분히 들었으니, 당신 주위에 있는 좋은 사람들을 소개해 주세요"라고 써놓자, 저명한 사상가에게 권태를 느낀 사람들의 마음을 사로잡고 공감을 끌어낼 수 있었다. 둘째, 소셜 미디어를 실제로 소통하는 공간으로 만들었다. 셋째, 포스팅할 내용을 찾기 위해 멤버들은 서로의 글을 읽어야 했고, 덕분에 서로의 글 쓰는 스타일이나 가치관, 경험을 더

깊게 이해할 수 있었다.

서로의 경험을 자세히 알게 되었다는 마지막 부분이 특히 큰 효과를 냈다. 어떤 어려움을 극복했는지 또 왜 그런 행동을 하며 왜 그런 신념을 가지는지 알게 되면 그 사람을 존중할 수 있기 때문이다. 서로 피드백을 나누고 자료를 교환하고 프로젝트를 협업한 결과, 그로부터 6개월 후 많은 멤버의 글이 대중의 주목을 받기 시작했다. 개인적으로 가장 감동적인 순간은 닉 위그널이 눈길을 끄는 제목을 제안해 준 덕분에 내 글이 더 좋아졌을 때였다. 닉뿐만 아니라 글쓰기 실력이 향상될 수 있도록 꾸준히 도움을 주었던 멤버들 덕분에 내 글은 '한 잔의 조'에 소개되었고, 무명이었던 작가이자 코치는 아주 조금 세상에 이름을 알릴 수 있었다.

일반적으로 조직에서 자문위원회를 두고 있는 것처럼 우리 그룹은 싱크탱크, 즉 두뇌 집단 역할을 자처해 우리가 만든 새로운 운영 방식을 잘 이끌어갈 수 있도록 도왔다. 그룹에 속한 멤버들은 전 세계에 흩어져 있고 경력도 달랐으며 22세부터 45세까지 다양한 나이대였기 때문에 저마다 통찰력 있는 새로운 시선으로 서로의 작업물을 바라볼 수 있었고 사각지대도 찾을 수 있었다. 서로에 대해 더 많이 알아가고 협동할수록, 우리의 관계는 업무 너머로 확장되었다.

내가 앞장서서 이 모임을 만들었던 건 내 경력 최고의 결정이었다. '나는 어떻게 이루었는가(How I Built This)'를 포함해 다수의 인기를 끈 팟캐스트의 호스트인 가이 라즈(Guy Raz)는 이런 말을 한 적이 있다.

"창의성은 치열한 협동에서 온다."

서로 다른 시각을 가진 열댓 명의 창작자와 일하면서 나는 괜찮은 수준을 최고의 수준으로 끌어올리는 건 다른 사람의 조언이라는 내 믿음을 더 확고히 하게 되었다. 우리만의 작은 세계를 개척하고 협동을 통해 성장함으로써 우리는 무작위의 소음이 아니라 이 세상에서 듣고 싶었던 개인 맞춤화한 소음을 만들어냈다. 그리고 그만큼 중요한 건 일이 훨씬 재미있어졌다는 사실이다. 우리 모임은 일상의 업무나 홀로 외롭게 일하는 사람들이 느끼는 고립감으로부터 반가운 휴식처가 되어주었다.

물론 실수가 없었던 건 아니다. 내 직감은 작은 규모를 유지하자고 했지만, 2년째 되던 해 나는 매주 통화를 하던 다른 작가들뿐만 아니라 멤버들이 추천한 사람에게도 우리 그룹의 문을 열었다. 그리고 1년 후 모임은 50명으로 늘어났다. 하지만 미숙한 온라인 커뮤니티 설립자가 이끄는, 빠르게 성장하는 그룹이 대부분 그렇듯 멤버의 참여율이 떨어지고 말았다. 많은 사람의 관심을 끌기 위해 노력하는 건 내가 하려고 했거나 하고 싶었던 일이 아니었다.

그러나 실수 속에서도 얻은 것이 있었다. 매일 수십 명의 작가에 대해 알아가고 그들과 신속한 협업을 하면서 다양한 작가의 꿈과 가치관, 의사소통 스타일, 강점, 작업 과정 등을 가까이에서 지켜보았다. 시간이 흐르면서 다른 멤버에 비해 초창기 멤버와의 관계가 더 돈독하다는 게 분명해졌고, 우리는 협업도 잘할 수 있다는 걸 입증할 수 있었다.

이후 다시 작은 모임에 들어가기 위해 이 모임을 떠나는 건 힘든 결정이었다. 이곳에서 많은 걸 배웠기 때문이다. 그러나 그 경험 덕분에 나는 커다란 모임을 이끄는 것보다 소수의 선별된 사람들과 깊은 관계를 유지할 때 성장할 수 있다는 믿음이 더 확고해졌다.

당신에게 필요한 건 넓은 인맥이 아니라 힘을 주는 한 사람

영국의 인류학자 로빈 던바(Robin Dunbar)는 1990년대 초에 사람이 의미 있는 관계를 유지할 수 있는 수는 150명이 한계라고 주장하는 연구 결과를 발표하며 이름을 알렸고, 이 개념을 두고 '던바의 수'라는 이름이 붙었다.[1] 던바의 연구 결과에 따르면 역사를 통틀어 집단은 유대와 참여도를 유지하기 위해 150명이 넘어가면 분열되는 것으로 나타났다. 오늘날의 스타트업이나 기존 조직을 살펴보아도 집단의 수가 150명에 근접하면 새로운 부서나 사무실이 생긴다는 비슷한 현상을 확인할 수 있다.

최근 들어 일부 연구자는 던바의 수가 틀렸다고 반박한다. 던바의 주장에 반기를 들고 나선 스웨덴 스톡홀름대학의 부교수이자 연구가인 요한 린드(Johan Lind)는 사람이 맺을 수 있는 사회적 관계는 무한하다고 주장했다. 2021년 〈뉴욕 타임스〉의 "사람은 150명이 넘는 친구를 사귈 수 있을까(Can You Have More Than 150 Friends)?"라는 기사에서 린드는 이렇게 말했다.

"우리는 원주율(π)의 수천 자리까지도 계산할 수 있게 되었다. 그러니 많은 사람과 교류하다 보면 그만큼 많은 사람과 관계 맺기가 점점 더 수월해질 것이다."[2]

이제는 세상이 바뀌었다는 반대파의 의견에 반박하기는 어려운데, 던바의 연구가 발표된 지 30년이나 흘렀기 때문이다. 과학 기술의 발전으로 오늘날 우리가 사람을 사귀고 함께 일하는 방법은 근본적으로 달라졌다. 소셜 미디어와 다른 네트워크 및 소통 수단은 상당수의 인간관계를 관리하기 쉽게 만들었다. 그러나 던바의 말이 옳든 린드의 말이 옳든 그건 중요하지 않다. 인간은 복잡한 존재다. 사람들은 저마다 다른 방법으로 살아간다. 나에게 효과가 있는 방법이 당신에게는 효과가 없을 수도 있다. 어떤 크기의 인간관계가 잘 맞는지는 오로지 자기만이 정할 수 있다.

여기에서 문제는 우리가 '클수록 좋은 것'이고 '더 많은 것'이 성공의 지표라고 생각하도록 길들여져 있다는 것이다. 여기에는 재산이나 팔로워 수, 인맥의 크기가 해당될 것이다. 하지만 더 많다고 해서 항상 더 좋은 걸 의미하지는 않으며, 때로는 더 많은 건 그냥 더 많은 것에 불과하다.

개인적으로 던바와 그의 반대파들은 잘못된 방향으로 다투고 있다고 생각한다. 150명의 친구를 사귀고 관계를 유지하려고 노력하는 건 페이스북이 생긴 이후 '우정'의 정의가 본래의 의미를 잃은 것과 비슷하다. 물론 지금 우리는 원한다면 150명보다 훨씬 많은 인맥이나 지인을 만들 수 있다. 하지만 그 사람들이 모두 진짜 친구일까? 우리는 그들이 어떤 생각을 하고 어떤 감정을 느끼는지 알 수 있을 만큼 그 사람들과 충분한 시간을 보내고 있을까?

어떤 사람은 넓은 인맥을 통해 에너지를 받는 걸 좋아한다. 그들은 대규모 집단을 좋아하고, 대규모 행사를 기다리고, 다른 집단과도 편하게 어울린다. 반면, 어떤 사람은 더 밀접한 모임과 소통을 좋아한다. 나는 전자를 비난하는 것도, 후자를 칭송하는 것도 아니다. 그저 사람은 모두 다른 방식으로 살아가며 그렇기에 세상이 다채롭다고 말해주고 싶다.

나는 선생이자 컨설턴트, 그리고 작가라는 직업적 특성과 새로운 장소에 방문하는 걸 좋아하고 세 개의 대륙에서 살았던 경험 덕분에 다양한 사람들을 만났다. 나는 모든 이를 하나의 인격체로서 아낀다. 하지만 그중에서 내 인생에 가장 큰 가치를 안겨주는 건 소수라는 사실도 잘 안다. 나는 아는 사람들의 양을 늘리는 것보다 그 사람들과의 유대감과 친밀감의 질을 높이는 게 중요하다.

우리가 반드시 짚고 넘어가야 할 중요한 질문은, 친밀한 관계여야 할 사람과 약한 유대 관계여야 할 사람을 어떻게 결정하는가다. 여기에서 약한 유대 관계란 아주 친밀한 관계는 아니나 여전히 일적으로나 사적으로나 우리에게 가치 있는 사람을 말한다. 복잡하지만 매우 중요한 이 결정을 쉽게 할 방법은 없을까?

조각 모음
관계 만들기

코로나19로 격리되었던 첫 번째 일주일 동안 일상이 엉망이 되어버렸다는 걸 알게 된 아내 라이아는 우리에게 어떤 사람이 가장 중요한지 구분할 수 있는 영리한 방법을 찾아냈다.

"이렇게 나쁜 상황에서도 한 줄기 희망은 이번 경험 덕분에 우리 인생에서 어떤 사람을 더 중요하게 생각하고 싶은지 확실히 알 수 있다는 거야. 생각해 봐. 그냥 지금 핸드폰을 꺼내서 우리가 가장 먼저 연락하고 의지하고 싶은 사람은 누구인지, 반대로 우리의 도움을 필요로 할 때 하던 일을 내려놓고 당장 달려갈 수 있는 사람은 누구인지 알아보면 되는 거야."

나는 그녀의 말이 핵심을 관통했다고 생각했다. 꼭 팬데믹 상황이 아니더라도 한 번씩 해보면 좋은 방법이다. 많은 이가 추천하는 것처럼 인생에 가치를 부여하지 않는 사람을 찾아내는 우정 감사를 시행하는 게 아니라, 올바른 사람을 선별하고 그들에게 소중한 시간을 우선적으로 할애하는 데 중점을 둔다. 이렇게 하면 당신의 인생에 가치를 더하지 않는 사람이 누구인지 고민하느라 시간을 낭비하지 않아도 된다.

아내가 추천한 대로 명단을 살펴보면서 한 가지 사실이 분명해졌다. 나는 150명을 채우지 못했다. 가족 다음으로는 두 명의 절친이 포함되었고, 팬데믹 우정 명단은 여섯 명의 친한 친구와 가까운 협업 파트너로 이루어졌다. 이들에게 감사한 마음을 갖게 되었고, 반대로 그들이 감사한 사람들을 떠올릴 때 내 이름이 언급되길 바랐다. 우리의 관계는 즐거움과 편안함을 넘어서 서로에 대한 존경과 존중, 믿음에 뿌리를 두고 있다. 주저 없이 서로에게 도움을 요청하고 어떠한 어려운 상황에서도 자기의 시간을 기꺼이 내는 사람들이다. 함께 보내는 시간이 즐겁고 언제나 늘 곁에 있어주는 두 사람의 세계가 충돌할 때, 그때가 바로 1 더하기 1이 3이 되기 위한 기폭제 역할을 한다.

하지만 이 사람들을 좋아하고 믿고 존경하는 것 말고도 편안하게 서로의 능력을 발휘할 수 있게 만드는 건 무엇이 있을까? 즐거움과 믿음, 존경만으로도 업계에서 큰 파장을 일으킬 수 있을까? 아니면 다른 무언가가 더 있는 걸까? 동료를 넘어서 모든 사람에게 적용할 수 있는 무언가가 있을까?

내 글쓰기 파트너이자 전략적 디자인 회사 슈 켈리를 30년 동안 성장시켜 온 케빈은 이와 관련하여 매우 귀중한 조언을 해주었다. 우리가 가진 다양한 능력이 어떻게 서로를 보완하는지 알 수 있다면 동료와의 즐거움과 믿음, 존경을 확장시켜서 서로의 작업물이 발전하는 데 도움이 된다는 것이다.

케빈과 케빈의 직원들은 신입 사원을 뽑을 때(그리고 그들이 조직 문화에 잘 맞는지 확인할 때) 다음의 조건을 통해 후보자를 평가한다.

- ✦ 시작하는 사람인가? (백지부터 채워나가는 걸 잘하는 사람)
- ✦ 발전하는 사람인가? (아이디어를 확장하는 걸 잘하는 사람)
- ✦ 마무리하는 사람인가? (마무리 작업을 잘하고 프로젝트에 광을 내는 사람)

만약 자기의 능력이 무엇인지 인지하고 있다면, 나와 다른 능력을 갖춘 사람들을 곁에 둠으로써 나의 단점을 파트너의 장점으로 채우는 관계가 만들어진다. 궁극적으로 각자가 가진 조각이 모여 뛰어난 결과를 내는 조각 모음 관계가 형성된다.

나는 새로운 아이디어가 떠오르면 흥분된다. 하지만 백지부터 채워나가거나 마지막에 부족한 부분을 채우기 위해 꼼꼼히 마무리하는 건 자신이 없다. 나는 발전시키는 일을 할 때 빛을 발한다. 나는 소수의 사람과 초기 아이디어를 확장시키고 매듭을 풀어낸 다음 8점이었던 아이디어가 10점이 될 수 있도록 마무리를 잘하는 사람에게 넘길 때 가장 뿌듯하다.

예를 들어, 케빈과 팬데믹 이후 나와 많은 일을 함께한 협업 파트너인 킴 댑스는 모두 아이디어를 시작하는 데 강점이 있다. 이들은 한 시간 안에 한 페이지 가득 아이디어를 써낼 수 있는 반면, 이들과 정반대에 있는 내 친구 스티븐 무어는 마무리 짓는 데 엄청난 능력이 있다. 그는 아이디어를 세상에 소개하기 전에 마무리하는 일을 좋아한다. 성장이라는 같은 목적이 있었기에 우리는 손발이 잘 맞았다. 서로의 능력을 보완해 주고 각자의 장점에 주목한 덕분에 일하는 시간을 절약한 건 물론이고, 좋은 아이디어를 찾고 일 자체도 훨씬 즐거웠다.

내 석사 수업에서 초청 강연을 하러 온 케빈이 이 이야기를 꺼낼 때마다 학생들은 눈이 휘둥그레져서 정신없이 필기했다. 케빈의 조언을 듣고 머릿속에서 전구가 반짝거린 듯 "이럴 수가!"라고 외치는 소리를 각각 다른 수업에서 두 번이나 들은 적도 있다. 학생들은 저마다 자기 인생에서 어떤 사람이 0점인 아이디어를 10점으로 끌어올리기에 가장 적합한지 떠올렸다.

상반되는 능력을 가진 사람, 즉 서로를 보완해 주는 능력을 가진 사람을 찾는 건 그 관계가 누가 옳은지 따지기보다는 올바르게 일을 해내는 데 기반을 둔다는 장점이 있다. 이 관계의 목적은 첫째도, 둘째도, 셋째도, 세상에 가치를 기여하는 것이기 때문이다. 이런 관계는 최고의 방법을 찾기 위해 서로에게 무섭게 소리를 질러대다가도 금세 웃어넘길 수 있다. 만약 여러분이 나와 협업 파트너와의 대화를 듣는다면 즐겁게 웃다가도 옥신각신 싸우는 소리에 우리가 친한 친구인지 철천지원수인지 구분하기 어려울 수도 있다. 하지만 우리는 개인의 발전보다는 모두의 발전이 목표이기 때문에 기쁘게 싸울 수 있는 사이다.

작은 부분을 돌보며
큰 성장을 이루어라

인맥을 만들고 싶다면 당신의 강점과 약점뿐만 아니라 동료의 강점과 약점도 파악해야 하며, 서로 좋아하고 신뢰하며 서로의 업무를 확장해 주는 협업 파트너를 찾아야 한다. 이런 관계를 찾아보자. 사업을 운영할 때 고품질의 제품과 서비스를 제공하기 위해 자문위원회를 만들고 부족한 부분을 채워줄 직원을 영입하는 건 단순한 우연이 아니다.

혼자 일하든 회사에 소속되어 있든, 우리는 모두 오늘날의 불확실한 환경에서 끝없는 변화의 바람을 성공적으로 헤쳐나가기 위해서 자기의 일에 책임감을 가지고 나의 사업처럼 대해야 한다. 하지만 그렇다고 해서 1인 기업처럼 생각하라는 의미는 아니다.

만약 여럿이 모여 목소리를 내는 집단을 만드는 게 잘 맞지 않거나 서로를 보완할 수 있는 강점을 가진 친밀한 모임이 아직 없다면, 큰 플랫폼에서 찾을 수 있는 대규모 모임에 들어가는 것도 괜찮다. 다양한 능력을 가진 사람들을 가장 빠르게 만날 수 있는 방법이며, 이곳에서 어떻게 모임이 운영되는지 관찰하고 그들의 가치관에 대해 듣고 앞으로 함께 일할 수 있는 방법에 대한 아이디어를 얻을 수 있다. 다양한 사람과 협업할 수 있는 자리에 적극적으로 참여하는 것만큼 협업 파트너를 빠르게 찾을 수 있는 방법은 없다. 그 과정에서 적어도 한 명의 팀원과 친분을 쌓게 되면 더 친밀하게 서로를 도와줄 기회가 열릴 것이다. 때로는 시간이 필요할 수도 있다. 그렇지만 좌절하지 말자. 나는 강력한 신호를 얻을 때까지 1년 동안 매일 40여 명의 작가들과 일해야 했다. 하지만 다른 방법은 원하지 않는다. 그 시간이 있었기에 상대와 내가 얼마나 잘 맞는지, 가치관이 얼마나 비슷한지, 비슷한 사명이 있는지, 그리고 얼마나 잘 협력할 수 있을지 알아보는 눈을 얻을 수 있었다.

만약 당신도 이런 사람을 찾았다면, 놓치지 말라. 그들을 위해 세상 끝까지 함께 가라. 그들에게 일 외적으로나 내적으로 어떤 중요한 일이 있는지 예의 주시하라. 그들이 성공하고 행복해지기 위해 당신이 가진 능력으로 무엇을 도와줄 수 있을지 고민하라.

나는 닉 괴케의 귀중한 도움에 감사를 전하기 위해 닉이 가장 좋아하는 저명한 작가인 세스 고딘에게 호의를 베풀어달라는 연락을 했다. 세스 고딘에게 보내는 메일에 닉이 수많은 사람에게 넘치는 관용을 베푼다는 점을 강조했는데, 이는 세스가 중요하게 여기는 가치였다. 그리고 닉의 멋진 글도 함께 첨부하며 닉에게 짧은 응원의 메시지를 보내줄 수 있는지 요청했다. 채 10분도 지나지 않아서 세스는 답장을 보냈고, 다음 날 닉은 흥분한 목소리로 말했다.

"무슨 일이 있었는지 믿지 못할 거예요. 세스 고딘이 나에게 재능이 있으니 꾸준히 글을 쓰라는 메일을 보냈어요!"

어머니는 언젠가 이런 말씀을 하셨다. 세상을 바꾸고 인생의 행복도 얻을 수 있는 비법은 자기 세상을 작게 유지하고, 운 좋게도 함께 인생을 걸어가는 소중한 사람들에게 깊은 관심을 갖는 것이라고. 우리는 모두 의미 있는 일을 하고 싶어 한다. 그리고 자기에게 중요한 사람들을 찾는 것만큼 이 목표에 빠르게 도달할 수 있는 방법은 없다. 닉과 내가 몇 년 뒤에도 서로를 꾸준히 도울 것이라 확신할 수는 없다. 하지만 우리는 서로를 위해 곁에 있어주고 있으니 내 직감은 그럴 것이라고 말한다. 누군가와 함께 역경을 헤쳐나갈수록 우정은 더 단단해지기 마련이니까 말이다.

단, 너무 편안한 관계에만 머무르며 다른 사람들은 어떻게 살아가고 있는지 배움을 멈춰선 안 된다. 관계 속의 다양성은 다채로운 삶을 살 수 있는 핵심 요소다. 다양한 아이디어와 관점을 얻기 위해 '약한 유대 관계'를 만들고 유지해야 한다.

영원히 계속되는

지속하라

약한 유대 관계를

내 인생에서 기억에 남는 대화 중 하나는 아버지와 나눈 대화였다. 바르셀로나에 살던 나는 코스타리카 산호세로 출장을 가게 되었다. 어머니는 친구분들과 약속이 있었고 아버지만 나를 만나러 오셨다. 아버지와 몇 년 만에 얼굴을 보는 것이었다.

당시 아내와 나 사이에는 첫아이가 막 태어난 참이었다. 나는 새로운 지역에 적응하는 와중에 내 실력을 발휘할 수 있는 일을 찾고 있었고, 감격스럽게도 아빠가 된다는 인생의 큰 변화를 헤쳐나가는 중이었다. 그러니 아버지와의 대화가 육아 이야기부터 시작해서 궁극적으로는 책임감이 늘어가면서 어떻게 해야 인생을 최대한 행복하게 보낼 수 있을지에 초점이 맞춰져 있었던 건 당연한 일이었다. 아버지는 대화를 나누면서 현명한 조언을 많이 해주셨다. 특히 나이 든다는 현실에 대해 이야기할 때 나는 머리와 가슴이 한

대 맞은 듯한 느낌이 들었다.

"내가 생각할 때 나이가 들면서 가장 슬픈 건 친구들이 지적으로 죽어 있는 삶을 선택할 때 같아."

아버지와 이런 대화를 나눈 지 거의 10년 가까이 되었지만, 인생을 낭비하는 것에 대해 이보다 더 경종을 울리는 말은 들어본 적이 없다. 아버지는 언젠가부터 친구들이 인생에서 은퇴를 선택했다고 했다. 그 친구들은 거의 집 밖으로 나오지 않았다. 책도 읽지 않았다. 그들이 대화를 나누는 사람은 비슷한 세계관을 가진 아주 오랜 친구들뿐이었다. 더 이상 인생을 주도적으로 살지 않게 된 이들은 결국 몸과 마음이 시들어갔다.

나는 항상 인생에서 호기심을 갖는 게 얼마나 중요한지 입이 닳도록 말해왔다. 하지만 아버지가 '지적으로 죽어 있다'와 '선택'이라는 단어를 통해 섬세하게 빚어내자 비로소 이 메시지를 마음 깊숙이 새길 수 있었다. 세상에서 가장 똑똑한 사람이 되는 건 중요하지 않았다. 가장 빠르거나 가장 강하거나, 아니면 달에 갈 수 있을 만큼 돈을 버는 것도 중요하지 않았다. 인생에서 가장 중요한 건 끊임없이 호기심을 갖는 것이다. 우리는 새로운 걸 배우고, 새로운 곳을 보고, 새로운 사람을 만나야 한다. 아버지의 표현을 빌리자면, 인생은 지적으로 살아 있음을 선택하는 것이다.

하지만 지적으로 살아 있다는 건 새로운 생각과 관점에 마음을 여는 게 다가 아니다. 우리는 이러한 경험을 적극적으로 찾아야 한다. 우리와 생김새와 생각, 행동이 비슷한 사람들 외에 나머지 99.9퍼센트의 사람들이 살아가는 모습을 이해하기 위해 우리 스스로를 가두기 쉬운 벽을 뚫고 나와야 한다. 그렇게 하면 우리는 세상을 새로운 눈으로 바라보게 되며, 그렇지 않았다면 알지 못했을 기회도 잡을 수 있다. '약한 유대'가 주는 많은 이점을 얻기 위해서는 인생의 여유 공간을 만들어야 한다.

약한 유대의 힘으로 강력한 기회를 만들어라

약한 유대 관계란 친밀하거나 밀접하게 일하는 관계에서 벗어나 있는 지인과 동료를 말한다. 하지만 '약한'이라는 단어는 오해의 소지가 있다. 이 용어는 1973년 사회학자 마크 그라노베터(Mark Granovetter)가 〈미국 사회학 저널(American Journal of Sociology)〉에 발표한 〈약한 유대의 힘〉이라는 논문에서 처음 소개되었다.[1] 이 논문이 주장하는 바는 정서적 도움을 얻는 관점에서는 가까운 친구나 가족이 큰 역할을 하지만, 새로운 기회나 정보를 얻는다는 관점에서는 '약한 유대'가 중요한 힘을 쥐고 있다는 것이다.

언뜻 생각하기에는 논리가 맞지 않다고 느낄 수 있지만, 그 이유를 들으면 납득할 것이다. 가까운 친구들과는 비슷한 취향을 공유하고, 비슷한 대화를 나누고, 쳇바퀴 돌 듯 비슷한 환경에서 살아가기 때문에 항상 비슷한 기회나 아이디어만 얻게 된다. 하지만 주요 인맥 밖에 있는 사람들은 우리와는 다른 경험을 한다. 그들은 그들만의 사교 집단이 있고 새로운 기회나 생각에 노출된다.

나는 그라노베터의 연구 결과가 정확하다고 생각한다. 내 경우에는 급여를 받았던 팀장직을 제외하면 20년의 경력은 모두 일정한 수수료를 받거나 다양한 형태로 혼자 일하는 게 전부였다. 어떤 일을 하든 어떤 분야에서 일하든 나는 운 좋게도 많은 시간을 함께 보낸 적 없거나 대부분은 실제로 만난 적도 없는 사람들이 지인에게 나를 소개해 주는 일이 종종 있었다. 일이나 모임, 서로의 친구를 통해 우연히 알게 되거나 때로는 약한 유대 관계를 통해 만나게 된 사람들이었다.

예를 들어, 내가 지금 '선(善)을 위한 사업'에 관한 책을 쓰는 걸 돕게 된 것도 약한 유대 관계의 직접적인 결과다. 2020년, 재능 있는 커넥터인 앤 팔머(Anne Palmer)는 나에게 글쓰기를 도와줄 수 있는지 부탁했다. 안타깝게도 당시에는 이런저런 일 때문에 우리는 함께하지 못했다. 하지만 대화를 나누고 얼마 지나지 않아 앤은 《대화 나누기(Making Conversation)》의 저자이자 아이디오(IDEO) 디자인 기업의 글로벌 이사였던 프레드 더스트(Fred Dust)와 나를 연결시켜 주었다. 앤은 다른 의도 없이 그저 프레드와 내가 서로 알고 지내면 좋을 것 같다고 했다. 프레드와 대화를 나눈 지 30초도 되지 않아서 나는 앤이 왜 그를 존경하는지 단번에 이해했다. 그는 매우 개성이 강한 사람이었고, 뛰어난 이야기꾼이었다. 그리고 앤처럼 발이 아주 넓은 사람이었다. 프레드는 사회적 영향력과 창작 분야의 케빈 베이컨 같은 사람이었다. 그는 사람들이 힘을 합해 멋진 결과를 내는 걸 좋아했기 때문에 그의 넓은 인맥 속에서 누군가가 글쓰기에 관심이 있다고 말할 때마다 내 이름을 넌지시 언급했다. 프레드의 너그럽고 관대한 마음이 내 경력에 얼마나 큰 힘을 주었는지를 고려하면 프레드를 '약한' 유대라고 말하기는 어려울 것이다.

하지만 약한 유대 관계를 통해 기회를 얻은 사람은 나뿐만이 아니다. 2022년 9월, 링크드인은 2015년부터 2019년까지 2,000만 명의 사용자를 추적한 연구를 발표했다.[2] 연구 결과는 약한 유대의 힘과 가벼운 지인의 중요성을 강조했다. 링크드인의 수석 편집자 조지 앤더스(George Anders)는 몇 가지 예시를 공유했는데, 사용자들은 약한 유대 관계 덕분에 새로운 직업을 얻거나 변화하는 업계에서 살아남을 수 있었다고 한다.[3] 한 예시로, 음악 마케팅 자문 회사와 악기점을 동시에 운영하던 여성이 팬데믹 때문에 두 사업을 모두 접어야 하는 상황에 닥쳤다. 하지만 그녀의 악기점에서 악기 수업을 들었던 한 남성이 그녀가 새로운 일을 찾고 있다는 걸 알게 되자 빠른 성장세를 보이는 마케팅 회사와 연결해 주었다. 음악 산업이 서로 잘 연계되어 있음에도 그녀의 가까운 인맥은 이렇다 할 도움을 줄 수 없었는데, 왜냐하면 그들도 팬데믹으로 인해 피해를 본 처지였기 때문이다. 역설적이게도 그녀에게 가장 큰 도움을 주었던 건 가까운 지인이 아니라 전 고객과의 '약한 유대'였다. 또 다른 예시로, 한 중학교 선생이 새로운 직장을 찾고 있었다. 선생이 진로를 바꿀 수 있게 물꼬를 열어준 사람은 고등학교 때 같은 악단에 있던 여성이었다. 이 연구 결과와 약한 유대를 통해 실제로 이익을 얻은 내 친구들과 나의 경험으로 미루어볼 때, 커리어 운을 얻는 데 있어 약한 유대를 중요한 요소가 아니라고 보기는 어렵다.

약한 유대는 가까운 사이에서는 얻기 어려운 기회를 주는 장점이 있지만, 그중 최고의 장점은 새로운 아이디어와 이념에 접근함으로써 더욱 혁신적으로 생각할 수 있다는 것이다.

반향실에서
탈출하라

인간은 안전지대에 머무르며 비슷한 관점과 가치관, 삶의 방식을 가진 사람들을 곁에 두고 싶어 하는 본능이 있다. 이런 행동에 문제가 있는 건 아니지만, 때로는 바깥세상으로부터 자신을 차단하고 다른 삶을 사는 사람들에게서 새로운 기회와 아이디어를 얻지 못하게 한다. 외모와 생각, 행동이 비슷한 사람들에게 둘러싸이게 되면 비판적 사고를 하기 어려워지고, 이는 결국 집단 사고에 순응하게 만들며 체계에 도전하거나 자기의 신념을 성장시키지 못하게 제한한다. 이런 사고방식을 흔히 '반향실 효과'라고 부르는데, 자신의 신념을 뒷받침하는 정보나 이념만을 보고 들으며, 이에 동조한다는 의미다.

오늘날의 온라인 세계와 그 알고리즘은 이 쳇바퀴를 벗어나기 더 어렵게 만든다. 우리가 어떤 기사나 영상, 웹사이트를 클릭하면 바로 다음 날 엄선된 피드에는 똑같은 정보만이 올라온다. 정보가 더 많이 쌓일수록 다양한 생각과 경험이 주는 선물을 보지 못하고 세상은 나와 비슷하다고 생각하게 된다.

브루킹스 연구소(Brookings Institution)의 최근 논문은 유튜브의 추천 알고리즘이 이념적 편향을 더 강화시키며 사용자를 극단적인 성향의 '토끼 굴'에 빠지게 한다고 결론 내렸다. 논문의 저자들은 정치적·사회적 논란과 관련된 유튜브 추천 영상을 분석했고, 그 결과 알고리즘은 극단주의적인 영상을 자주 추천하며 점점 더 극단적인 성향으로 몰아간다는 사실을 확인했다. 게다가 연구에 따르면 이러한 추천 영상을 본 사용자들은 의문을 품기보다는 자기의 신념에 더 치우친다고 한다.[4]

하지만 창의성과 혁신성을 키우기 위해서는 우리의 신념에 맞서는 새로운 생각과 관점이 필요하다. **만약 같은 신념을 가진 사람과 매일 똑같은 대화를 나눈다면 우리와 다른 신념을 가진 사람을 적으로 여기게 되는 건 시간문제일 것이다.** 물론 새로운 개념을 배우기 위해 책을 읽거나 평소에 듣지 않는 팟캐스트를 듣고, 챗GPT 인공지능 서비스와 대화를 나누는 방법도 있다. 하지만 나와 다른 시각을 가진 사람을 배려하는 열린 마음이 동반되지 않는다면 아무리 배움을 얻어도 가장 중요한 부분을 놓치게 된다. 그건 바로 그 사람이 왜 그런 믿음을 가지고 있으며 왜 그런 행동을 하는지 알 수 있는 개개인의 이야기가 가진 힘이다. 상대방이 그렇게 행동하는 이유와 어떤 사고 과정으로 그런 결정을 내렸는지 이해할 때 우리는 같은 견해를 공유하지 않더라도 그들에게 인간미를 느끼면서 한 차원 높은 존중이 가능해진다.

약한 유대의 중요성은 새로운 관점에 접근하고 두 사람의 아이디어가 결합해 새로운 것을 만드는 데 있다. 나에게는 다른 사람의 경험과 관점을 배우는 게 가장 큰 이점이었다. 어쩌면 대화의 다양성을 창의적 활동이나 직업적 발전의 일환으로 보지 않을 수도 있다. 하지만 새로운 아이디어를 얻기 위해서라도 다양한 정보에 자신을 노출시킬 필요가 있다. 다양한 관점이나 반대의 신념을 가지고 있는 사람들을 적극적으로 찾아서 그들의 생각을 배우는 게 중요한 이유는 다른 사람들이 세상을 어떻게 바라보고 경험하는지에 눈을 뜰 수 있기 때문이다. 이는 지적으로 죽어가지 않기 위한 해결책이며 이해와 공감을 강화하기 위한 방법이다.

나는 단정 지어서 말하는 걸 별로 좋아하지 않고, 우리가 어떤 한 가지 행동을 하면 세상이 더 좋아질 것이라고 섣불리 말하기가 망설여지는 것도 사실이다. 그럼에도 나는 사람들이 다양한 관점이나 자기 의견에 반하는 사람들을 피하지만 않아도 우리의 세상은 더 멋진 곳이 될 거라고 생각한다. 만약 당신이 어떤 사람에게 먼저 손을 내밀며 "저는 그런 시선에서 생각해 본 적은 없어요. 생각지도 못한 부분에 눈을 뜨게 해주셔서 당신과 그 이야기를 더 나누고 싶어요"라고 말한다면, 서로에 대한 경계심을 낮출 뿐만 아니라 상상치 못한 잠재력이 깨어나게 된다. 보통 변화는 서로 반대 의견을 가진 사람들이 함께 일할 때 일어나기 때문이다.

앞서 이야기했듯 반대편에게 설득되어야 한다는 의미는 아니다. 오히려 반대편에 있는 사람들의 생각을 비교함으로써 우리의 주장에 더 힘이 실릴 수도 있다. 오늘날 많은 사람은 자기와 다른 관점을 가진 사람과 친구로 지낼 수 없다고 생각한다. 이 어리석은 행동을 끝내는 건 우리 모두에게 달려 있으며, 그렇게 하기 위한 유일한 방법은 다른 사람에 대해 알아가고 그들이 왜 그런 믿음을 갖게 되었는지 열린 마음으로 다가가는 것이다. 다양한 연령대와 환경, 지역에 걸쳐 약한 유대를 만들 수 있다면 이 세상에는 하나 이상의 진실이 존재할 수 있다는 사실에 눈을 뜰 것이다.

1 더하기 1이
3이 될 때

현대에는 완전히 독창적인 아이디어가 있다고 보기는 어렵다. 그러므로 일단 반향실에서 벗어나 우리의 창의성에 다른 사람의 관점을 적용한다면 우리도 새로운 것을 창조할 수 있다. 이때 약한 유대를 통해 얻을 수 있는 두 가지 이점이 있다. 첫째, 새로운 관점에서 바라보고 다른 시각을 이해할 수 있게 되며, 이때 철저한 분석을 거치기 때문에 우리의 믿음이 더 강해진다. 둘째, 일상의 루틴에서 벗어나고 아이디어 간에 새로운 다리를 놓을 수 있다. 다양한 경험과 관점을 찾다 보면 우리의 생각에 깊이와 색깔을 더하게 된다. 자기의 경험과 관점에 다른 사람의 관점을 통해 배운 점을 결합하는 것이야말로 1 더하기 1이 3이 될 수 가장 빠른 방법이다.

내가 매주 새로운 사람에게 연락하는 습관을 들이기 시작했을 때, 주로 개인적으로나 직업적 성장을 위해 활동하는 작가들에게 연락을 보냈는데 거기에서부터 시작하길 잘했다고 생각한다. 비슷한 흥미를 느낀 사람들이었기에 낯선 사람에게 연락하는 불편한 도전이 조금이나마 수월해졌다. 글쓰기에 대해 새로운 관점을 가진 사람들의 사고 과정을 알게 되면서 하나의 주제를 새롭게 바라보는 방법을 배울 수 있었으며 그만큼 내 글쓰기 실력도 좋아졌다. 내가 쓰고 있는 글에 대해 어떻게 생각하는지 물어보고 그들에게서 "제 생각은요"라고 시작하는 현명한 조언을 얻었던 건 괜찮은 아이디어가 훌륭한 아이디어로 발전되는 계기가 되기도 했다.

몇 년이 지나 내가 연락하는 사람들은 나에게 흥미롭거나 인상적인 일을 하는 사람들로 확장되었다. 여기에는 비영리 단체에서 일하는 사람부터 영리를 추구하는 조직의 대표, 전 세계의 다양한 분야에서 일하는 청소년부터 노인, 다양한 매체에서 일하는 예술가까지 매우 다양했다. 나는 외국에서 살고 있고, 전 세계에서 모인 학생들을 가르치는 일을 한다는 특성 때문에 한 번도 생각해 본 적 없는 아이디어에 노출되는 경우가 많다. 여러 사람에게서 얻은 아이디어를 결합할 수 있었기에 내 경력에 큰 영향을 끼쳤으며, 예전보다 사람을 섣불리 판단하는 일이 훨씬 줄어들었다. 나의 관점과 행동이 유일한 정답이라는 생각을 버리고 나와 다른 경험을 하는 사람들을 알아가게 되자, 그 사람이 어떤 직함이나 배경을 가지고 있든 상관없이 누구에게나 배울 점이 있다는 사실을 뼛속 깊이 깨닫게 되었다.

나는 이제 이런 대화를 적극적으로 나누지 않는 삶은 상상할 수도 없다. 우리가 사는 세상은 아주 빠르게 변하고 있다. 세계 곳곳의 젊은이들과 대화를 나누면 우리가 살고 있는 새로운 세상을 어떻게 헤쳐나가고 있는지 엿볼 수 있다. 그 반대편에 서 있는 나보다 나이가 많은 사람들에게서는 앞으로도 지켜야 할 가치는 무엇이고, 인생에서 무엇이 가장 중요한지를 배울 수 있다. 앞서 언급한 링크드인의 약한 유대에 관한 연구에서 이를 뒷받침하는 내용을 찾을 수 있다.

"약한 유대 관계는 다른 학교에 다니거나 나이 차이가 크고, 직업이 다른 사람에게 다가갈 때 다양한 가능성이 열린다는 생각에 뿌리를 두고 있다."

다시 말해, 다양성이 있어야 우리의 일터와 이 세상이 다채로워진다는 의미다. 같은 분야에서 일하는 사람과 친해져야 한다는 생각은 누구나 할 수 있다. 우리가 어떤 분야에 진출한다고 했을 때, 이미 그곳에서 앞서나간 사람들과 친해져야 성장하는 데 도움이 된다는 생각에 혹하기 쉽다. 게다가 알고리즘은 기존의 관심사를 계속 채워주며 흥미를 끌고, 마치 자기의 길을 벗어나지 않는 사람에게 보상을 주는 것 같다. 하지만 질문을 던져보자. 그 방법이 정말로 내 경력에 도움이 될까? 혹시 다른 관심사를 쫓는 사람에게 다가가 그들에 대해 알아가는 게 더 좋지 않을까?

예를 들어, 당신이 스타트업 창업자와 알고 지내는 그래픽 디자이너라면 다른 그래픽 디자이너와만 일하는 것보다는 다양한 분야에 걸친 소규모 사업자부터 작가, 팟캐스트 호스트로부터 더 많은 기회를 얻을 수 있다. 그래픽 디자이너가 다른 그래픽 디자이너를 고용하는 경우는 드물기 때문이다. 이건 아이디어를 만들 때도 똑같이 적용된다. 그래픽 디자인 업계에서 벗어나 새로운 관점에서 바라보면 단순히 기존 트렌드를 따라가기보다는 새로운 트렌드를 만들 수 있을 것이다.

물론 약한 유대 관계를 지속적으로 유지하기란 어렵고, 그 수가 많다면 특히 더 그렇다. 내가 약한 유대 관계의 사람들과 전부 정기적으로 연락하고 지냈다면 아마 가족과 보낼 시간이 없었을 것이다. 그렇기에 과학 기술을 활용하고 자기에게 잘 맞는 시스템을 만드는 것이 아주 중요하다. 이를 통해 가까운 사람들을 우선순위에 두면서도 사랑하는 가족과의 귀중한 시간을 희생하지 않고도 약한 유대 관계의 이점을 수월하게 얻을 수 있다.

약한 유대 튼튼하게 유지하기

이 책을 쓰는 동안 나는 앞서 언급한 링크드인의 수석 편집자인 조지 앤더스에게 연락했다. 나는 조지에게 약한 유대를 튼튼하게 유지해 커리어 전반에 걸쳐 혜택을 얻을 수 있는 간단한 방법이 있는지 물어보았다. 그리고 그는 효율적이면서도 효과적인 멋진 조언을 나누어주었다.

"저는 주변 사람들이 새로운 직장을 구했을 때 마음을 담은 맞춤 축하 메시지를 보내는 게 기분 좋고 가치 있는 일이라는 걸 깨달았어요. 특히 그 사람에게 부탁할 게 아무것도 없는 상황이라면 더욱 좋죠. 우리가 함께 겪었던 사건이나 그들의 전문 분야에 관한 가벼운 이야기를 넣으면 인사치레처럼 느껴지지 않고 진정성을 드러내기가 좋더라고요. 예를 들면 이렇게 할 수 있겠죠. '불과 3년 전만 해도 우리가 시카고 라마다 호텔의 스낵 바에서 공짜 저녁을 때우려고 했다는 게 믿기지 않아요'라고요."

그리고 미리 이러한 노력을 기울여놓으면 6개월 뒤에 중요한 부탁을 해야 할 때 응답을 받을 가능성이 크다고 덧붙였다.

나는 그의 조언이 매우 영리하다고 생각했다. 링크드인 같은 플랫폼에서는 친구들이 새로운 일을 시작할 때 알림을 보내며 많은 사람이 시작을 앞둔 프로젝트에 대해 공유한다. 그럴 때 잠시 시간을 내서 그들에게 메시지를 보내면 좋은 인상을 남길 수 있다. 축하 메시지는커녕 링크드인이 보내는 자동 응답만 넘쳐나는 상황에서 당신의 진심 어린 메시지는 돋보이기 쉽다. 한 달에 몇 번만 1분의 노력을 들여 새로운 기회를 확보해 놓기만 해도 약한 유대 관계를 튼튼하게 유지할 수 있다.

나에게도 그들의 도움이 필요할 때까지 마냥 기다리지 않고 나만의 방식대로 관계를 유지하는 방법이 있다. 그 다섯 가지 유형 중에서 최소 두 가지를 골라 일주일에 한 번씩 짧은 메시지를 보내는 방법을 소개한다. 다섯 가지 유형은 다음과 같다.

✦ 감사 메시지 보내기

사람은 누구나 인정받는 걸 좋아한다. 시험에 합격할 수 있도록 당신의 공부를 도와준 사람이나 도움이 필요할 때 적극적으로 손을 내밀어준 전 직장 동료에게 감사의 메시지를 보낼 수 있을 것이다. 이 단순한 방법으로도 관계가 꾸준히 지속된다.

✦ 존경스러운 일을 하는 가까운 사람에게 메시지 보내기

당신이 아직 친하지 않지만 존경하는 사람에게 연락하는 습관을 만드는 것도 중요하다. 멋진 일을 하는 가까운 사람이 우리 곁에 있다는 걸 잊지 말자. 만약 어떤 사람이 업종을 바꾸고 새로운 도전을 하고 있다면, 그들이 얼마나 용감한 사람인지 알려주자. 그렇게 해두면 언젠가 당신이 진로를 바꾸고 싶어질 때 궁금한 걸 물어볼 수 있는 창구가 되어줄 것이다.

✦ 최근에 만난 사람에게 메시지 보내기

친구의 친구를 소개받거나 행사에서 우연히 새로운 사람을 만날 때가 있다. 그 사람과 대화하는 게 구체적으로 어떻게 즐거웠는지를 이야기하는 것만으로도 약한 유대 관계에 활기를 더할 수 있다.

✦ 오래 연락하지 못한 친구에게 메시지 보내기

친구를 사귀는 가장 쉬운 방법은 오랜 친구와 관계를 유지하는 것이다. "오늘 네가 그 이야기를 했을 때가 생각났어"라고 짧은 연락을 보내는 방법도 종종 좋은 반응을 얻는다. 고등학교와 대학교 때 알고 지내던 많은 친구는 20년 전 처음 사회에 발을 들였을 때에 비하면 하는 일이 매우 다양해졌다. 지금은 어떻게 지내는지 안부를 묻거나 가끔 떠오르는 추억을 공유하기 위해 짧은 연락을 보내면 우연히 서로의 일이 겹치는 상황을 대비해 여지를 남겨놓을 수 있다. 그러면 "나 기억나지? 너의 도움이 필요해"와 같은 두려운 문자를 보낼 일이 없을 것이다.

✦ 전 직장 동료에게 메시지 보내기

새로운 사람에게 다가가기 위한 자신감을 키우고 싶다면 예전에 함께 일했던 사람들에게 꾸준히 연락을 보내는 간단한 방법이 있다. 지금 당신이 무슨 일을 하는지 그리고 어떤 것에 관심이 있는지 공유하면서 반대로 그들은 어떤 일을 하고 있고 어떤 관심사가 있는지 물어보면 업계가 돌아가는 상황을 파악하기에 좋다. 가벼운 대화가 관계를 유지시켜 줄 것이다.

나는 몇 년 전 이 비법을 내 웹사이트에 공유했다. 대중은 뜨거운 반응을 보였다. 만약 시간이 빠듯하다면 다섯 가지 중 한 가지를 해보거나 한 달에 한 시간 정도 시간을 빼서 산책하며 약한 유대 관계의 사람들에게 음성메시지를 남겨보자. 그리고 바쁘면 답장하지 않아도 된다고 일러두자. 당신이 그들을 생각하고 있다는 걸 보여줌으로써 그들도 당신을 생각하게 될 것이다.

새로운 사람을 만나고 잘 설계된 시스템을 통해 약한 유대 관계를 유지하는 노력을 꾸준히 들이다 보면 적어도 몇 달 안에 당신 주위에 상당히 많은 사람이 남을 것이다. 그들도 당신의 진심을 느낄 테니 언젠가 있을지 모르는 도움을 요청하기에도 덜 부담스러울 것이다.

존경하는 사람에게 먼저 손 내밀고, 그들과 꾸준히 연락하고, 당신의 집단을 만든다면 자기만의 인맥을 구축할 수 있다. 하지만 절대 약한 유대 관계의 힘을 무시해서는 안 된다. 그들은 당신의 인맥에 힘을 더해주고 전에는 생각하지 못한 혁신적인 아이디어를 가져다준다. 그들 덕분에 새로운 관점으로 세상을 바라볼 수 있고, 새로운 기회를 얻어 불확실한 미래를 잘 헤쳐나갈 수 있다. 약한 유대를 통해 배운 다양한 경험과 새로운 관점은 꿈을 좇고 세상에 긍정적인 영향을 미치기 위해 꼭 필요한 자극제가 되어줄 것이다.

3부

조용한 신념의 중요성

아홉 번째 장

나눠라

배운 것을

"마이클, 당신이 좋은 사람이라는 걸 알아요. 그리고 당신이 걸어온 길도 존중해요. 하지만 당신과 일할 수는 없어요."

나는 회의실 탁자 너머에 앉은 남자를 쳐다보며 물었다.

"지금 무슨 말을 하는 거예요?"

내가 팀장이 된 첫날, 모든 팀원 앞에서 이런 말을 할 리가 없다는 생각에 나는 그가 농담하고 있다고 믿었다.

"미안해요."

평소의 자신감 넘치는 눈빛은 온데간데없이 그는 땅에 시선을 고정한 채 말했다.

"당신은 말을 더듬잖아요. 당신이 내 고객과 대화하게 할 순 없어요. 전 아이들도 있다고요. 제 말 이해하시죠?"

나처럼 어릴 때부터 말을 더듬거나 '일반적'이지 않은 특징을 가진 사람이라면 잘 알겠지만, 나는 수없이 많은 괴롭힘과 놀림을 받았다. 살아남기 위해 따라 웃었던 적도 있었지만, 어린아이에게는 씻을 수 없는 큰 상처로 남았다. 하지만 그 어떤 농담도, 공격도, 비웃음도 팀장으로 출근한 첫날 내 앞에 앉은 서른일곱 살의 남자가 나의 말더듬증 때문에 함께 일할 수 없다고 말했던 순간 느꼈던 아픔과 분노에 비할 수 없었다.

그 말을 듣고 침착하게 대처했다면 좋았겠지만, 그러지 못했다. 나는 의자에서 펄쩍 뛰어올라 마치 중국까지 들릴 만한 목소리로 남자를 캐묻기 시작했다. 나머지 팀원들은 할 말을 잃은 채 눈 하나 깜박이지 못했다.

"당신 고객과 대화하게 할 수 없다니, 그게 무슨 의미죠?"

나는 마치 애원하는 것 같았다.

"지난 금요일 밤에 당신은 밖에서 술에 취해 있는 동안 내가 당신의 거래를 살려줬던 건 신경도 안 쓰는 것 같군요!"

내가 몰아세울수록 남자는 더 반격했다. 그는 내 몸집의 거의 두 배였다. 그의 왼쪽 신발에 내 몸을 다 뉘고도 베개를 놓을 자리가 남아 있을 것 같았다. 그를 계속 몰아붙이다가는 결국 병원 신세를 질 거라는 걸 깨닫고 나는 마지막으로 그에게 꺼져버리라고 말한 뒤 눈물을 겨우 참으며 사무실을 박차고 나왔다. 나는 아무 생각도 하지 못한 채 차에 올라타 1마일 정도 달리다가 파네라 브레드 카페 뒤에 차를 세운 뒤 세상을 향해 마구 저주를 퍼부었다. 하지만 상황이 나아질 리가 없었다. 나는 한 시간 넘게 차에 앉아서 이게 무슨 상황인지, 또 앞으로 어떻게 할지 생각하고 또 생각했다. 사람들과 친밀감을 쌓는 방법을 잘 안다고 해서 모든 사람이 나를 리더로 받아들일 준비가 된 건 아니라는 냉혹한 현실이 나를 강타했다.

취약함이란
너그러움을 베푸는 것이다

그날 사무실로 다시 돌아가기로 마음먹은 건 내 인생에서 가장 어려운 선택이었다. 스물다섯 살의 나이에 영업 팀장이라는 의미 있는 승진을 했기 때문에 오늘은 역사적인 순간이어야 했다. 하지만 동료의 냉담한 반응 때문에 내 즐거움은 오래가지 못했다. 높은 자리를 즐길 기회도 얻기 전에 모든 게 무너져 내렸다. 나는 팀장직뿐만 아니라 이 회사를 떠나야겠다는 생각이 들었다. 분노와 굴욕감이 한꺼번에 밀려오는 끔찍한 기분을 경험하자 선량한 사람들이 왜 때로는 나쁜 행동을 저지르는지 알 것 같았다. 하지만 내가 떨리는 몸으로 사무실로 돌아온 후 나눈 대화 덕분에 포기하지 않기로 마음먹었고, 결과적으로는 나에게 가장 잘 맞는 유형의 리더는 무엇인지 깨닫게 되었다.

그 남자에게 다음부터는 누군가를 비난할 거라면 다른 사람이 없는 자리에서 하라고 마지막 공격을 가한 후, 회사의 설립자이자 CEO를 찾아갔다. 나는 그가 내 편이 되어줄 거라고 생각했고, 내 예상이 맞았다. 내가 승진할 수 있었던 이유 중 하나는 승진 면접에서 내가 유일하게 신규 채용자를 훈련시키는 방법에 이의를 제기했기 때문이었다. 기존의 신입 트레이너는 여러 방면에서 일한 경험이 있었지만 이 업계는 처음이었다. 그리고 우리가 제법 잘 팔고 있는 상품에 대해서는 아직 잘 모르고 있었는데, 나는 이 부분에서 강점이 있었다. 그래서 나는 신규 채용자에게 어떻게 판매하는지뿐만 아니라 무엇을 판매하는지 확실히 가르칠 수 있도록 훈련 과정에 내가 조금 더 빨리 관여하는 하이브리드 접근법을 제시했었다.

내가 CEO의 사무실 문을 불쑥 열고 들어갔을 때 CEO는 이미 무슨 일이 일어났는지 알고 있었다. 그는 나를 보자마자. "자네가 다시 돌아와서 기쁘네. 나라면 그러지 못했을 거야"라고 말했다. 그리고 나를 자리에 앉히고는 내가 이룬 성과가 대단하다고 칭찬하며 자기는 동정심에 사람을 승진시키지 않는다고 했다. 긴장을 풀어주기 위해서인지 말을 너무 많이 하지 않는 나의 성공 비결이 아주 영리하다는 말도 덧붙였다. 무엇보다도 나에게 가르치는 데 재능이 있다며 나 혼자만 품고 있던 생각에 힘을 실어주었다.

멈추지 말고 계속 정진하라는 CEO의 응원은 큰 도움이 되었다. 하지만 나에게는 나머지 팀원들과 해결해야 할 문제가 남아 있었다. 팀장 자리에 오른 지 채 6시간도 되지 않은 상황에 나는 팀 전체의 반란을 막아야 하는 힘겨운 과제가 기다리고 있다고 생각했다. 하지만 놀랍게도, 자리를 박차고 나간 남자를 제외하고 다른 팀원들은 회의실에서 내가 돌아오기를 기다리고 있었다. 그들은 나와 일해야 하는 이유를 늘어놓는 대신 나를 얼마나 존경하는지 말해주었다. 그리고 우리는 몇 시간 동안 내가 팀원들을 돕기 위해 무엇을 할 수 있을지는 물론이고, 팀원들이 나를 돕기 위해 무엇을 할 수 있을지 이야기를 나누었다.

    회의실에 있던 모든 사람은 내가 사회가 정의하는 전통적인 리더는커녕, 일반적인 영업 사원과 다르다는 걸 잘 알고 있었다. 하지만 나는 다 아는 척 행동하기보다는 불확실한 감정을 표현하고 어떤 부분에서 자신감이 부족한지 솔직하게 고백했다. 팀장으로 출근한 첫날, 그들이 내 도움을 필요로 하는 것보다 내가 그들의 도움이 더 필요하다는 걸 인정하게 될 줄은 몰랐다. 하지만 그럴 수 있어서 다행이었다. 그 남자의 말이 큰 상처로 다가왔던 이유는 그의 행동이 상식적으로 잘못되었다는 것 외에도 남몰래 품고 있던 내 안의 끝없는 의심을 건드렸기 때문이었다. 내가 고객과의 전화 통화로 틀어진 계약을 살릴 수 있을지 의심스럽다는 그의 말은 처음 이 일에 지원하기를 망설이게 만든 나의 고민이기도 했다. 남자가 그 이야기를 꺼내지 않았다면 나는 내 마음을 솔직하게 고백하거나 팀원에게 도움을 요청할 용기가 없었을 것이다.

    어릴 때부터 세상은 '취약함'이라는 단어를 '불안정'이나 '나약함'과 동의어라고 생각하게 했다. 그날 나는 다시 회사로 돌아가는 선택을 함으로써 나를 강제로 취약함의 자리에 내놓았다. 그리고 나는 모든 걸 꺼내 보였다. 더 이상 가면으로 가리는 건 내 선택지에 없었다. 팀원들의 지지를 받으면서 나는 다른 사람에게 의존하고 나의 불안함을 드러낸다고 해서 내가 나약해지는 건 아니라는 걸 깨닫게 되었다. 그날은 팀원들과 나의 관계가 돈독해지는 계기가 되었다. 숨겨놓은 두려움을 꺼내자, 팀원들은 나 혼자 헤쳐나가지 않아도 된다는 걸 알려주었다. 우리는 서로의 약점을 어떻게 채워줄 수 있을지 의견을 나누었다.

이 경험을 통해 나는 새로운 관점에서 취약함이 가진 힘을 확인할 수 있었다. 취약함은 우리가 인생을 전부 이해할 수 없다는 걸 인정할 만큼 강하다는 의미였다. 또한 취약함은 다른 사람에게 도움을 요청할 수 있을 만큼 강하다는 의미이기도 했다.

성장이란 어떤 형태로든 역경에 맞서고 이를 헤쳐나갈 용기를 모으는 것을 말한다. 하지만 자기 혼자 힘으로 해내는 경우는 있다 하더라도 아주 드물다. 우리는 사람들의 도움이 필요하고 그들도 우리의 도움이 필요하다. 그날 오후 사무실에서 오간 대화는 결코 쉽지 않았지만, 그날 이후로 어떤 역경이 닥치든 매일매일 회사에 출근함으로써 자기 자신을 솔직하게 드러내는 것이 얼마나 중요한지 주변 사람들에게 상기시켜 주었다.

젊은 나이에 이 일을 겪으며 깨달음을 깊이 새길 수 있었던 건 직업적으로나 개인적으로나 나에게 매우 중요했다. 나는 일이 그런 식으로 흘러갈 거라고는 알지 못했다. 하지만 내가 먼저 두려움을 털어놓자 사람들은 편안하게 각자의 어려움을 이야기했고 평가받는다는 느낌 없이 나에게 도움을 요청하러 왔다. 이것이 나의 말더듬증과 내성적인 성격을 강점으로 보게 된 또 하나의 계기다. 사람들이 더 빨리 방어막을 내리고 힘든 점을 편하게 털어놓을수록 문제를 더 빨리 해결할 수 있다.

나를 곤경에 빠뜨렸던 그날의 이야기를 마무리하자면, 한 젊은 팀원 덕분에 속이 뻥 뚫리는 기분이 들었다.

"그 사람은 15년 동안이나 영업을 했는데도 자기 고객과 이야기하는 데 팀장의 도움이 필요하다면, 그건 직업을 잘못 선택한 게 아닐까요?"

그러고는 내가 팀원들을 잘 가르치면 자기 고객은 자기가 직접 상대할 수 있을 테니 상사가 영업을 도와줄 필요는 없다고 말했다.

리더와
교육자

카페 주차장에서 갈림길에 섰던 내가 기권을 선언하지 않고 다시 회사로 돌아간 지 20년이 지났다. 그 이후로 직장에서 모든 일을 제대로 해냈던 건 아니다. 때때로 나의 직함과 내가 버는 돈의 액수에 우쭐해진 적도 있었다. 그리고 그때는 그 정도로 큰 스트레스를 다루는 법도 몰랐다. 수많은 거래를 처리하느라 기진맥진했다. 20명까지 늘어난 영업팀의 팀장으로서 결국 모든 신규 채용자를 교육시키는 업무를 떠안고 내 고객들까지 계속 관리하면서 불안감이 걷잡을 수 없이 커지기도 했다.

하지만 고된 일을 꾸준히 해나가다 보니 그렇지 않았으면 몰랐을 사실을 알게 되는 장점도 있었다. 예를 들어, 영업직을 선택했기 때문에 내가 다른 사람의 이야기를 꽤 잘 들어주는 능력이 있다는 걸 깨닫게 되었다. 또한 팀장으로서 일을 하면 할수록 누군가를 가르칠 때 내 눈이 반짝거린다는 CEO의 말이 맞다는 것도 알 수 있었다. 나는 사람들을 관찰하고 질문을 던지는 능력이 있었기에 그들이 어떤 부분에서 도움이 필요한지 빨리 파악할 수 있었다. 판매에 강하지 못하다는 단점을 보완하기 위해, 팀원과 고객에게 상품 옵션에 대해 교육하고 또 그들이 처한 독특한 상황에 알맞은 최고의 해결책을 찾는 역할을 자처했다.

내가 이 일을 시작할 때만 해도 나는 리더의 자격이 없다고 생각했다. 이 업계를 떠날 때까지도 나를 리더라고 정의하기가 망설여졌다. 나는 자신감 넘치고 확신에 찬 태도로 팀원들을 통솔하는 전형적인 리더의 모습이었던 다른 팀장들과 달랐다. 사업가로서 작은 팀을 꾸리고, 창의력을 발휘하며 팀을 이끌고, 석사 수업을 가르치고, 전 세계 회사 임원들의 컨설턴트로 일하는 등 다양한 경험을 쌓은 후, 마침내 나는 다양한 형태와 규모의 리더가 존재한다는 사실을 이해하게 되었다. 모든 상황에 적용할 수 있는 리더십은 없으며, 특정 유형의 리더가 다른 리더보다 우월한 것도 아니다. 어떤 리더는 큰 목소리를 내세운다. 그들은 하나의 목표를 설정하고 자기 뒤를 따르도록 팀원들을 독려한다. 또 어떤 리더는 팀원들 뒤에서 등을 밀어준다. 팀원들이 어디로 가고 싶어 하는지 파악하고 그들을 도와주는 역할을 맡는다. 하지만 또 다른 리더는 현재 상황과 자기 앞에 있는 사람들에 따라서 두 가지 유형을 잘 융합하는 능력을 갖추고 있다.

몇 년 동안 나는 앞장서는 일에 점점 더 능숙해졌다. 하지만 최고의 능력을 발휘하거나 가장 편안한 자리는 아니었다. 학생들 앞에서 강의하고 100명의 눈이 나를 쳐다보고 있을 때도 나는 그들 뒤에 서 있었다. 내 수업의 커리큘럼만 생각하지 않고 그들이 어떤 부분에서 힘들어하는지 더 잘 이해하기 위해 노력했다. 내가 어떤 분야에서 전문가는 아닐지라도, 역지사지의 마음으로 학생들에게 질문을 던짐으로써 고통스러운 부분을 함께 해결하기 위해 노력하는 협동의 분위기를 만들었다. 그러면 학생들은 어려운 질문이나 문제를 해결하기 위한 자기만의 이론이나 답, 이상적으로는 로드맵을 떠올리게 되며, 단순히 어떻게 생각해야 하고 무엇을 해야 하는지 정답을 알려주는 것보다 훨씬 큰 동기부여가 된다.

사람과 관계 맺는 것과 비슷하게 나는 리더십을 서비스

의 행위라고 생각한다. 하지만 이 서비스는 사람들을 위해서 하는 게 아니라 사람들과 함께하는 것이다. 나의 유일한 목표는 그들이 역경을 극복하고 최대한의 잠재력을 발휘할 수 있도록 협력하는 것이다. 이는 가르침과 비슷한데, 가르침의 궁극적인 목표는 학생들이 또 다른 선생이 되어 자기가 가진 지식을 다른 사람에게 전달하는 것이기 때문이다.

사람들을 이끄는 것과 가르침이 유사하다는 건 가벼운 의미에서 한 말이 아니다. '이끌다(lead)'라는 단어는 '어떤 것이나 사람을 인도하다'라는 의미의 라틴어 'duc'이나 'duct'에서 유래되었다. 공기를 이끄는 통풍관(air duct)과 수로를 통해 물을 흘려보내는 수도관(aqueduct)의 어원이기도 하다. 가장 인상적인 건 교육하다(educate)의 어원이라는 점인데, 원하는 결과를 이끌어내기(produce) 위해 누군가를 지식으로 안내하는 행동이기 때문이다.[1]

선입견에 사로잡혀 수줍음이나 취약함 같은 단어를 향한 사회의 시선에 의문을 품지 않았던 나에게 리더는 선생에 지나지 않는다는 생각의 전환은 모든 것을 바꾸어놓았다. 리더라는 직함을 받아들이는 건 힘들었지만, 선생이라는 직함은 자랑스러웠다. 만약 주변 사람들에게서 최고의 모습을 끌어내는 걸 좋아하고, 지식과 경험, 자원을 동원해 수천 명의 팀원이든 당신의 동생이든 그들을 성장시키기 위해 최선을 다하고 있다면, 당신도 리더다.

이 깨달음을 얻자 자신감이 샘솟았고, 나 자신을 긍정적인 시각에서 바라볼 수 있게 되었다. 리더의 자리에 있거나 강연하거나 온라인에 글을 쓰며 생계를 유지하는 수많은 내성적이고 수줍음 많은 사람들과 대화를 해본 결과, 많은 이가 스스로를 전달자라고 여기는 개념에 동의했다. 그들의 일은 자기를 위한 것이 아니라 그들이 앞으로 돕게 될 사람들을 위한 것이다. 누군가의 삶이 수월해질 수 있도록 자신이 배운 것을 나눠주고 싶다는 원동력이 그들을 움직이게 했다.

    내 일이 나를 위한 것이 아니라 나의 경험과 깨달음을 통해 혜택을 볼 수 있는 사람들을 위한 일이라는 사실을 깨닫지 못했다면, 아마 나는 발표를 하고, 세미나를 주도하고, 팀을 이끌고, 심지어 온라인에 글을 쓰는 일을 절대 하지 못했을 것이다. 나는 그저 내가 깨달은 점을 공유하는 과정에 있었기에 '해내야 한다'라는 압박에서 벗어나 자신 있게 목소리를 낼 수 있었다.

당신이 배운 것을 나눠라

우리가 배움을 얻을 수 있는 전문가는 세 가지 유형이 있다. 첫 번째 유형은 우리가 꿈꾸는 목표를 성공적으로 이룬 사람이다. 두 번째 유형은 성공하지는 않았지만 실력을 키우기 위해 남보다 열심히 일했고, 같은 목표를 이루고 싶어 하는 사람들을 도울 수 있는 사람이다. 세 번째 유형은 상위권에 오르지 못했지만, 자신의 전문 분야에 집착이 강한 사람으로, 이들은 새로 알게 된 사실을 다른 사람에게 잘 전달하는 지식이 풍부한 연구가가 된다.

많은 사람이 큰 성공을 거둔 첫 번째 유형의 사람이 배움을 얻기에 가장 적합하다고 생각한다. 하지만 항상 그런 건 아니다. 작가이자 팟캐스트 호스트인 팀 페리스(Tim Ferriss)는 이렇게 말했다.

"마이클 펠프스가 세계 최고의 수영선수라고 해서 수영을 가르치기에 최고의 사람이라는 의미는 아닙니다. 오히려 마이클 펠프스와 어깨를 나란히 하지는 못하지만 6위 정도에 이름을 올린 사람에게 배울 점이 더 많습니다."

페리스의 조언에는 두 가지 중요한 부분이 있다.

첫째, 자기만의 고유한 역경을 헤쳐나가는 과정에서 배운 점은 아주 귀중하다. 마이클 펠프스는 수영선수로 완벽한 몸을 가졌기 때문에 신체적 유리함이 있었다. 그의 몸통은 평균보다 길지만 그에 비해 다리는 짧은 편이다. 또한 불균형하게 넓은 가슴 덕분에 물살을 강하게 헤엄칠 수 있다.[2] 만화 속 상어가 과장된 가슴 넓이에 짧은 다리를 가지고 있는 건 우연이 아니다. 하지만 완벽한 몸매가 아닌 6위에 오른 선수는 다른 기술을 배우고 새로운 강점을 찾아야 했을 것이다. 아마 이 선수는 펠프스를 뛰어넘지는 못하겠지만, 다른 부분을 더욱 보완함으로써 새로운 시각에서 경쟁하는 법을 깨우치게 될 것이다.

둘째, 뛰어난 전문가들은 개개인에게 적합한 최고의 방법을 찾아주기보다는 자기가 성공한 방법을 가르치는 경우가 흔하다. 펠프스의 노력을 깎아내리는 의미는 아니며, 그저 자기가 아는 것을 공유하는 관점에서 보자면 여정이 더 수월했다고 해서 반드시 더 훌륭한 스승이 되는 건 아니다. 때로는 한 번에 결혼에 성공한 사람보다 이혼의 아픔을 겪은 후 성공적인 결혼을 유지하고 있는 사람이 행복한 결혼에 대해 더 많은 걸 알려줄 수 있다.

대체로 두 번째 유형과 세 번째 유형의 사람들이 훌륭한 스승, 즉 훌륭한 리더가 될 잠재력이 있다. 이들은 자기의 능력을 성장시키기 위해 싸워야 했고, 역량을 키우는 과정에서 타고난 사람들보다 더 많은 아픔과 교훈을 얻었기 때문이다. 이들은 고군분투했던 과정을 누구보다 더 잘 알기 때문에 공감 능력과 인내심이 발달했으며, 목표에 도달할 방법이 다양하다는 걸 알기에 문제 해결에 창의성을 발휘할 수 있다. 언젠가 나는 유명 블로거에게 글 배치 방법에 관해 물은 적이 있는데, 그녀는 자기가 그 일을 대신 해주는 게 더 빠를 거라는 답변을 보내왔다.

나와 같이 일할 수 없다며 거절했던 남성은 결과적으로는 그의 행동 덕분에 나에게 가장 잘 맞는 유형의 리더를 찾을 수 있어 나에게 큰 도움을 주게 된 셈이다. 나는 사람들에게 할 일을 정해주거나 대신 헬리콥터를 타고 불을 꺼주는 리더가 아니었다. 그건 내가 잘하는 영역도 아니었고, 그런 방식으로는 효과적으로 배울 수 없다고 생각하기 때문이다. 대신 나는 그들이 직접 불을 끌 수 있도록, 그리고 가장 중요한 건 애초에 어떤 지점에서 불이 붙게 되었는지 찾을 수 있도록 파고들었다.

지나고 보니 나를 거절했던 그 남자와 함께 일했다면 가장 많은 것을 배울 수 있었을지도 모르겠다. 젊은 팀원의 말처럼 그 남자는 자기 고객과 통화해 줄 나나 다른 사람이 필요해선 안 됐다. 그의 강점은 사람들의 이목을 끌고 그들을 설득해서 함께 일하는 것이었지만, 나의 강점은 고객을 유지하고 소개를 통해 새로운 고객을 받는 것이었다. 내가 이런 성과를 낼 수 있었던 건 나의 매력이 넘쳐서가 아니라 처음부터 끝까지 고객을 가르침으로써 이 거래는 스스로 계획한 결과라고 느끼도록 했기 때문이다. 논쟁이 생길 때도 이 단계를 밟았기 때문에 어려운 대화를 쉽게 풀어낼 수 있었다. 왜냐하면 우리 사이에는 신뢰가 깔려 있었고, 신뢰는 세상의 온갖 좋은 것의 기본 요소이기 때문이다. 그와 나는 서로에게서 배움을 얻어 각자가 가진 능력을 키울 좋은 기회를 놓쳤다. 나는 그가 사람들을 빨리 끌어모으는 비법을 배웠을 테고, 그는 내가 고객들을 만족시키는 비법을 배웠을 것이다.

일하는 동안 영업 실력이 꽤 늘었지만, 그럼에도 나는 이 업계에서 최고가 될 수 없고 최고가 되고 싶다는 욕구도 없다는 걸 알았다. 하지만 내가 열심히 싸워서 얻은 것을 공유할 때 보람을 느끼고 또 내 도움 덕분에 단 1퍼센트라도 좋아지는 사람들을 보면서 이 새로운 분야에서 최고가 되는 법을 너무나 배우고 싶어졌다. 그렇게 남을 잘 돕는 내 능력을 주변 사람들이 하나둘 알게 되면서 나는 점점 더 이 역할에 몰입하기 시작했다. 나는 대화를 매끄럽게 이끌어가는 사람은 아니지만, 다른 사람보다 출발선이 훨씬 뒤에 있다는 장점이 있었다. 사람들과 관계를 맺고 싶고 그들이 성공하는 걸 보고 싶다는 열망이 모이자, 가치 있는 교훈을 얻을 수 있었다. 근본적으로 나는 다른 사람의 성공을 돕는다는 독특한 관점을 활용했고, 그 결과 내 경험을 바탕으로 각자가 정의하는 성공에 도달할 수 있도록 길잡이가 될 수 있었다.

다른 사람이 모르는 걸 당신은 알고 있다

사람은 누구나 자기만의 약점을 가지고 있고, 이는 곧 자기만의 독특한 장점도 가지고 있다는 의미다. 현실에서 우리가 '직업'으로서의 일을 수행할 때는 어떤 일자리든 수십 가지의 책임이 주어지고 다양한 기술도 능숙하게 해내야 한다. 예를 들어 작가는 글을 교정하고, 이야기를 전개하고, 구조화하고, 정보를 조사하고, 제목을 짓는 등 다양한 일에 능숙해야 한다. 오늘날에는 온라인 영역까지 발을 넓혀서 카피라이팅, 소셜 미디어 활동, 출판 홍보, 자기 홍보 등 수많은 마케팅 측면에서도 두각을 드러내야 한다. 여기에 작가가 아닌 다른 직업을 넣어봐도 비슷한 패턴을 발견할 수 있다. 어떤 직업이든 성공하려면 다양한 기술과 능력이 필요하다. 이를 잘 해내려면 우리의 지식과 능력의 공백을 메워줄 수 있는 사람들이 곁에 있어야 하며, 그 길을 안내해 줄 좋은 스승이 필요하다.

    내 친구인 스물다섯 살의 시넴 귀넬(Sinem Günel)은 오스트리아 빈에 거주하는 터키 작가이자 사업가로, 나에게 온라인 활동에 관한 비법을 주기적으로 가르쳐주고 있다. 시넴보다 더 많은 독자를 모으고, 더 많은 돈을 버는 사람도 있다. 하지만 시넴은 몇 년 전부터 자신의 여정을 꾸준히 기록하며, 자기보다 어린 사람부터 나이가 두 배는 많은 사람들이 온라인 사업을 시작할 수 있도록 도와주고 있다는 점이 내 마음을 움직였다. 그녀는 자신을 작가이자 사업가라고 말하지만, 시넴은 그 무엇보다도 교육자다. 시넴의 가장 멋진 점은 정답을 전부 알고 있는 척하지 않는다는 것이다. 그녀의 강점은 자기보다 한두 걸음 뒤에 있는 사람들이 능력을 개발하고 자신감을 얻어서 결국에는 자신을 뛰어넘을 수 있게 돕는다는 점이다. 아낌없이 나누는 마음으로 한시도 쉬지 않고 열심히 일한 결과, 그녀는 젊은 나이에 신용할 수 있는 정보통이라는 명성을 쌓았다.

    그런 사람이 시넴만 있는 건 아니다. 나는 보통 두 그룹의 사람들과 일한다. 첫 번째 그룹의 사람들은 자기가 할 일을 적극적으로 해내며 선배에게 신입 채용을 제안하거나 관심이 가는 장소에서 워크숍을 주최하고, 온라인에서 자신의 지식이나 경험을 공유한다. 두 번째 그룹은 간단하게 말하면 그런 노력을 들이지 않은 사람들이다. 두 번째 그룹에 비해서 첫 번째 그룹에 기회가 넘쳐나는 건 당연하다. 이들은 가만히 앉아 TED에서 강연하게 될 날을 꿈꾸기보다는 적극적으로 자기가 가진 걸 공유한다. 이러한 노력 덕분에 언젠가는 TED에서 강연 요청을 받게 될지도 모른다.

오늘날에는 과학 기술의 발전 덕분에 우리가 일하고, 살아가고, 소통하는 방식이 아주 빠르게 변하고 있다. 예를 들어, 우리의 조직을 개선시킨 새로운 프로그램을 배운다거나 감동적인 글의 뉘앙스를 탐구하는 등 우리가 당연하게 여겼던 지식이 이 분야에서 성장에 목마른 사람들에게는 아주 귀중한 정보일 수도 있다. 내 친구이자 지금은 링크드인과 X에서 마케팅 선구자로 활동하는 존 브로시오(Jon Brosio)는 설득력 있는 문장을 쓰는 법에 대해 공유하면서 탄탄한 명성을 쌓았다. 그는 다른 사람이 이미 이룬 것을 반복하지 않고 자기만의 이론과 노하우를 개발하면서 그 과정에서 얻은 귀중한 아이디어와 자료들을 한데 모았다. 시넴이 그랬던 것처럼 그의 이런 태도는 많은 사람들의 호감을 얻었다. 시넴과 존은 음악가 드레이크가 남긴 말의 깊은 뜻을 이해하고 있었다.

"사람들은 당신이 무언가를 가졌을 때가 아니라 목표를 향해 달려갈 때 당신을 더 좋아합니다."

오늘날에는 대화에 참여할 방법과 매체가 아주 다양하다. 만약 긴 영상을 올리는 유튜브가 잘 맞지 않는다면 짧은 영상을 올리는 틱톡이 좋은 선택지가 될 수 있다. 영상을 찍는 게 어렵다면 블로그나 미디엄, 서브스택(Substack)과 같은 플랫폼에 글을 쓰는 방법도 있다. 글쓰기에 자신감이 부족한 사람이라면 X나 링크드인에 짧은 글을 올려서 소통의 문을 열고 인맥을 쌓는 연습을 하는 것도 좋다. 만약 이 중에 어떤 방법도 취향에 맞지 않거나 편안하지 않다면 당신이 존경하는 사람들의 좋은 글이나 마음을 울린 메시지를 주변 사람들에게 나누며 서서히 당신의 생각을 덧붙이는 방법도 있다. 가장 중요한 건 시작하는 것이다. 나누는 건 자석처럼 끌어당기는 성격이 있기 때문이다.

나누는 건
자석과도 같다

우리가 알고 있는 것, 그리고 지금 배우고 있는 것을 나눌 때의 장점은 새로운 것을 배울 필요가 없다는 점이다. 우리는 그저 사람들에게 어떻게 나누어줄지에 초점을 맞추면 된다. 스페인으로 거주지를 옮긴 후, 나는 전 회사에서 맡았던 멘토의 역할을 이어나갔다. 영업과 면접에서의 경험을 바탕으로 영어 교사 자격증을 땄던 훈련 센터에서 외국인의 취업을 돕는 일을 도왔다. 처음에는 일대일 상담만 했는데, 이후에는 자신감이 붙어서 매달 세미나와 소규모 워크숍까지 주최하게 되었다. 몇 년 동안 쭉 영어만 가르쳤지만, 세미나를 꾸준히 열면서 강의 내용을 개선하고 많은 사람 앞에 서는 자신감도 키웠다. 그리고 결국 천 명이 넘는 사람들 앞에서 강의도 하게 되었다. 하지만 거기에서 멈추지 않고 세미나 내용을 공유하는 블로그를 시작했고 더불어 글쓰기 실력도 향상했다.

나는 이처럼 꾸준한 노력을 통해 내 이야기를 효과적으로 공유하는 법을 배운 덕분에 10년 가까이 혼자 일하는 동안 나를 홍보하거나 고객을 찾아다니지 않을 수 있었다. 사람들에게 내 서비스를 강요하기보다는 친숙함과 익숙함을 내세워 그들을 내 세계로 끌어들였다. 모든 고객이 성공하는 모습을 보고 싶다는 진심이 통한 덕분에 주변 소개로 찾아온 고객들의 발길이 끊이지 않았다.

내가 존 브로시오나 시넴 귀넬뿐만 아니라 오늘날 거대한 흐름을 만들고 있는 장래가 유망한 수백 명의 작가들에게 연락했던 건 그들의 에너지에 끌렸기 때문이다. 몇 년 동안 이들이 자신감을 얻고 의사소통 능력을 키워가는 모습을 지켜본 건 놀라운 경험이었다. 자기의 글이 유명해지든 아니든 상관없이 그들은 기죽지 않았고 자기가 존경하는 인물과 친분을 쌓는 일도 많아졌다. 그건 이들이 이 경쟁의 무대에 오르기를 선택했으며, 사람들은 자기를 도우려고 노력하는 사람에게 먼저 시간을 내기 때문이다.

당신이 수십 년의 경험을 가진 전문가가 아니어도 '나누는 사람'으로서 혜택을 얻을 수 있다. 그저 끊임없이 호기심을 가지고 남에게 베풀며 다른 사람에게 도움이 되길 바라는 강한 열망만 있으면 된다. 물론 세상에 자신을 드러내고 "제가 관심 있는 분야는 이것이며, 이 분야에 대한 제 생각과 경험은 이렇습니다"라고 말하는 게 두려울 수 있다. 나도 그런 경험을 해봤고, 300개가 넘는 글을 온라인에 올린 지금도 여전히 그렇다. 다른 사람의 평가를 받는다는 건 두려운 일이다. 일단 당신이 두려워하는 일이 때로는 당신이 가장 신경 쓰는 일이라는 사실을 기억하자. 어떤 분야에 도전할 때 실패하거나 놀림당하고 싶지 않은 마음은 누구에게나 있다. 하지만 내가 다시 사무실로 돌아간 이후 배운 게 있다면, 나와 같은 팀이 되기를 거부하는 사람이 한 명 있다면 나를 세상에 내놓는 용기에 박수를 보내는 사람은 열 명이나 있다는 것이다. 이것이 나누는 것의 멋진 점이다. 나누는 건 초대와 같다.

하지만 단순히 다른 사람과 관계를 맺고 그들을 돕기 위한 초대만 있는 건 아니다. 자기 자신을 더 잘 알기 위한 초대이기도 하다. 우리가 배운 것을 적극적으로 공유할 때 자기가 누구인지를 자신 있게 말할 수 있기 때문이다. 나라는 사람을 드러내고 나의 이야기를 제대로 표현하는 방법을 배울 때, 자기의 목소리를 낼 뿐만 아니라 나만의 목소리를 소유하기 시작한다.

요 I 째 연 차

자신만의

이야기를
찾아라

어떤 사람은 아이를 낳고 가족을 꾸리는 삶을 일찍이 꿈꾸기도 한다. 하지만 나는 그런 사람이 아니었다. 아내 라이아가 환한 얼굴로 양성 결과가 나온 임신 테스트기를 들고 있는 모습을 본 순간, 나는 영화 속 남편들이 그러듯 기쁨의 눈물을 흘리는 대신, 그녀에게 어색한 포옹을 하며 떨리는 목소리로 물었다.

"확실한 거야?"

시간이 흐르고 출산의 날이 다가오면 분명 내 머릿속에 넘쳐나는 모든 두려움이 사그라들 것이라 생각했지만, 그렇지 않았다. 라이아의 얼굴에 벅찬 행복이 차오를수록 나는 점점 더 스트레스를 받았다. 처음에는 내가 가족을 부양할 수 있을까 걱정이 들었고, 그다음에는 앞으로 18년은 내 꿈을 미뤄야 한다고 나를 납득시켰다. 무엇보다도 좋은 아빠가 될 수 없을 거라는 생각에 두려웠고,

아이가 나를 닮을지도 모른다는 생각에 온몸이 뻣뻣하게 굳었다.

"나처럼 말을 더듬으면 어떡하지?"

"나처럼 멍청하면 어떡하지?"

"나처럼 상처받으면 어떡하지?"

라이아의 든든한 조력자가 되어주기는커녕 내면의 부정적인 목소리에 휩쓸렸다는 부끄러움은 받아들이기 힘들었다. 하지만 속도를 늦추고 불안감의 뿌리를 찾아보라는 라이아의 조언을 듣지 않고 정반대로 행동했다. 나는 가능한 한 모든 일에 뛰어들어 통제력과 재정적 안정을 갖춰야 한다고 생각했다. 출산이 가까워졌을 무렵에는 보냉홀더를 팔아야겠다는 생각까지 이어졌다. 바르셀로나에서 사람들이 맥주를 시원하게 먹을 수 있는 2달러짜리 네오프렌 조각을 파는 게 왜 내 모든 문제의 해답이라고 생각했는지 여전히 이해되지 않는다. 그리고 당연하게도, 더 빨리 달릴수록 나는 점점 더 방황했다. 시간은 계속 흘렀다. 똑딱똑딱.

하지만 그날 이른 아침 의료진이 회진 명단에 나를 포함시키겠다는 농담을 몇 번이나 던진 후, 마침내 아들 리암이 세상에 태어나는 마법 같은 일이 일어났다. 리암이 태어나고 몇 분이 지났을까, 간호사는 라이아가 휴식을 취할 수 있도록 나에게 아기를 안겨주었다. 모든 아기가 그렇듯, 리암은 아늑한 집에서 쫓겨났다는 사실에 목청이 터져라 울고 있었다. 자기보다 스무 배나 큰 사람들이 가위를 휘두르고 있으니 안정을 찾기는 어려울 거라고 생각했다. 하지만 내 품에 안긴 리암이 나를 올려다보고 눈을 마주친 그 순간, 그는 짧은 인생에서 처음으로 울음을 멈췄다.

고요한 포옹과 가장 오래 눈을 안 깜박이는 사람이 이기는 게임은 겨우 몇 분 만에 끝났고, 리암의 발작적인 울음이 다시 터져 나왔다. 하지만 나는 그걸로도 충분했다. 리암을 다시 아내의 품에 안겨줬을 때, 내 얼굴에는 라이아가 임신했다는 사실을 안 이후 처음으로 마음에서 우러난 미소가 지어졌다.

집을 찾는 여정

내 커리어에 필요했던 자극을 첫아이를 낳으면서 얻게 될 줄은 꿈에도 몰랐다. 하지만 하룻밤 만에 인생의 우선순위가 바뀌었다. 리암이 태어나기 전 나는 몇 년 동안 나와 잘 맞는 일을 찾기 위해 이리저리 뛰어다녔다. 하지만 매일 아침 리암의 기저귀를 갈아주는 게 내 삶의 목적임이 확실해지자, 하고 싶은 일을 찾는 건 잠시 멈추고 마침내 나 자신에게 집중하기로 결심했다.

라이아와 리암 모두 내가 살아온 것보다 더 나은 대우를 받을 자격이 있었다. 그리고 두 사람은 나 역시 더 나은 대우를 받을 자격이 있다는 걸 깨닫게 해주었다. 아빠가 된다는 말을 들은 순간부터 시작된 내 안의 끈질긴 불안감을 철저히 파헤치고 나는 실패작이고 놀림거리가 될 운명이라는 부정적인 생각의 싹을 잘라야 했다. 그래서 나는 몇 달 동안 이 다짐을 지켰다. 유연하게 시간을 쓸 수 있는 영어 강사 일을 하면서 생활비를 벌었고, 리암을 돌보지 않을 때는 내 정체성의 뿌리에 도달하고 지금껏 걸어온 여정을 이해하기 위해 내면에 깊게 파고들었다.

나는 부족한 자신감을 솔직하게 털어놓기 위해 상담사를 만났다. 나는 상담사와 함께 과거를 짚어보며 창피를 당했거나 두렵고 공포를 느꼈던 순간을 살펴보았고, 어렸을 때부터 현재까지 모든 기억을 돌아보았다. 숙제도 있었는데 매일 나의 감정과 생각, 경험을 적어보고, 내가 지키고 싶은 가치는 무엇인지 생각하고, 중요한 순으로 정리한 다음, 세상에 나를 어떻게 드러내고 싶은지 하나의 목표를 정하는 것이었다.

그러자 내 안에서 말이 쏟아져 나왔다. 내가 나를 어떻게 바라보는지에서 멈추지 않았다. 나는 가족과 대화를 나누거나 어린 시절부터 대학 시절까지 알고 지낸 친구들에게 연락해서 내가 어렸을 때 어떤 모습이었냐고 물어보았다. 그들의 답변은 조용하고 수줍은 아이부터 당시의 나는 몰랐던 기발한 유머와 창의력이 뛰어난 아이, 무언가를 원할 때는 변호사처럼 냉철해지는 아이 등 아주 다양했다. 그중에서도 섬세하다는 답이 가장 많았고, 사람들은 내가 얼마나 공감 능력이 뛰어난 사람인지 몇 번이고 반복해서 말해주기도 했다.

빨리 결과를 얻지도 못했고 그 과정이 항상 즐거웠던 것도 아니지만, 나는 천천히 그렇지만 확실하게 내가 모은 인생의 점을 잇기 시작했다. 다른 사람들이 나에게 칭찬했던 특성은 나 혼자 과거를 돌이켜볼 때 가장 자랑스러웠던 부분이었다. 공감을 잘하고, 창의력이 뛰어나고, 섬세하고, 기발한 유머가 있고, 민감하다. 이 모든 표현을 한데 모은 다음, 이러한 특성 덕분에 만난 모든 좋은 일들과 멋진 사람들을 확인했을 때 내 인생의 돌파구가 생겼다. 그 놀라운 경험 이후, 나는 하루도 빠지지 않고 글을 쓰고 있다.

글쓰기는 나 자신에게 솔직할 수 있는 기회다. 한발 뒤로 물러나서 이 세상과 그 안에서의 내 역할을 잘 정리할 수 있는 기회다. 내 가족과 무엇보다도 나 자신을 최고로 사랑하고 지지할 방법을 찾을 수 있는 기회다.

1년 후 나 자신을 온전히 세상에 드러내기 위한 수단으로 블로그에 나의 불안감과 실수, 창피했던 순간을 공유하기 시작하자 놀라운 반응을 얻었다. 어떤 사람은 너무 많은 걸 공개하면 나의 커리어에 약점이 될 수 있다고 경고했다. 하지만 시간이 흐르면서 정반대의 결과가 나왔다. 나라는 사람에 대해 솔직하게 이야기하는 건 내 커리어를 망치기는커녕 도움이 되었다.

나와 비슷한 생각을 하거나 자신감이 부족했던 여러 사람들이 나의 글이 큰 도움이 되었다며 연락을 해왔고, 경험 많은 경영진이나 사업가들도 나의 이야기에 크게 공감했다며 함께 일하고 싶다고 제안했다.

처음에는 이렇게 많은 연락과 기회가 쏟아지는 걸 보고 깜짝 놀랐지만, 어찌 보면 당연했다. 매일매일 사람들이 자신감을 키우고 자신의 이야기를 할 수 있도록 도와주는 것이야말로 내 이야기였다. 나는 그렇게 살아왔다. 그게 내가 배운 전부다. 그 사실을 깨닫기까지 38년이라는 시간과 3.17킬로그램의 아기가 필요했지만, 그렇다고 해서 더 빠른 길은 원하지 않는다. 나는 내가 누구인지 알아가고, 내가 가장 잘 도울 수 있는 사람을 찾기까지 시간이 필요했다. 어릴 때부터 사람들이 나에게 "너는 사람들이 자기를 잘 표현할 수 있게 도와줘야 해!"라고 정해준 것도 아니지 않은가.

하지만 자기의 이야기를 파헤치는 여정으로 넘어가기 전에 먼저 오늘날의 '이야기'라는 개념을 이해하는 게 중요하다.

정직은 세상에서 가장 귀중한 가치다

이야기를 가장 단순하게 정의하면 한 캐릭터가 역경을 만나고 그 역경을 극복하기 위해 모든 것, 심지어 자신의 생명까지도 기꺼이 희생하는 것이다. 하지만 오늘날 '스토리텔링'이라는 단어에 관해 여러 의견이 오가고 다양한 해석이 있다. 당신이 어떤 정보를 선택하는지 또 어떤 선생님을 만나는지에 따라 스토리텔링은 사업을 알리는 전략이라고 생각할 수도 있다. 많은 전문가는 마음속으로 구체적인 독자를 정하고 글을 쓰라고 권한다. 개인 브랜드를 만들기 위한 수단으로 자기 이야기를 공유하거나 사업의 인간적인 면모를 보여주기 위해 스토리텔링을 이용하는 것이다. 또는 "안녕 여러분, 저는 당신과 비슷한 사람이에요. 여러분은 저에 대해 알아야 해요. 제가 도와줄게요!"와 같은 메시지를 숨겨두기 위해서다. 일부 마케팅 전문가나 카피라이터는 '강력히 주장'하거나 '과장'하고, '상처를 건드리는' 전략으로 고객의 '아픈 곳'을 '후벼파서' 우리의 상품을 클릭할 수밖에 없게 만들라고 한다.

분명 사람들을 설득해서 내 깃발을 따라오도록 유도하기 위한 스토리텔링도 존재한다. 하지만 그전에 내가 어떤 깃발을 들 것인지부터 정의해야 한다. 자기의 가치관도 완벽하게 이해하지 못한 상태에서 사람들을 설득하는 법부터 배우는 건 자칫 위험한 결과를 초래할 수 있다.

내가 말하는 스토리텔링은 자기표현의 예술에 기반을 두고 있다. 이 유형의 스토리텔링은 문명의 기원부터 존재해 왔다. 이 스토리텔링은 자기의 독특한 경험을 이야기하는 게 전부이기 때문에 전략이 없는 게 유일한 전략이다. 이 유형의 스토리텔링은 확실한 목표와 청중을 고려한 스토리텔링만큼 대중의 관심을 얻지 못할 수도 있다. 하지만 기쁨과 상처, 결점, 놀라움으로 가득한 정직한 이야기가 누군가에게 닿을 때 세계가 충돌한다. 이 세계는 사람들이 당신의 깃발을 따르는 곳이 아니다. 이 세계는 사람들이 당신의 손을 잡고 함께 깃발을 들고 가는 곳이다.

사람은 모두 자기만의 고유한 원동력을 가지고 있지만, 인류를 관통하는 하나의 핵심은 바로 선택의 힘을 갈망하는 것이기 때문이다. 스스로 결정할 수 있는 힘, 자기에게 가장 잘 맞는 걸 선택하는 힘, 누구의 이야기와 함께하고 싶은지 결정하는 힘. 그러니까 우리는 사람들에게 특정 목표를 강요하는 게 아니라 그들이 이 이야기에 들어올 것인지 스스로 선택할 수 있게 해야 한다는 의미다. 사람들이 무엇을 듣고 싶어 할지 고민하기보다는 당신은 누구이며, 무엇을 경험했고, 무엇을 말하고 싶은지 정확하게 파악하는 게 중요하다. 이야기란 독특한 경험을 독특하게 풀어낸 예술 작품과 같다. 누구도 모방할 수 없는 음악 프로듀서로 유명한 릭 루빈(Rick Rubin)은 《창조적 행위: 존재의 방식(The Creative Act: A Way of Being)》에서 이런 말을 했다.

"작품을 내보내는 과정에서 대중이 자기 자신과 작품을 어떻게 받아들일지에 대한 생각을 내려놓는 것도 중요하다. 예술을 만들 때, 관객은 가장 나중에 고려해야 한다."

루빈의 말은 우리에게 엄청난 자신감을 심어준다. 이러한 유형의 스토리텔링을 하기 위해선 자기 자신이 되어야 하기 때문이다. 그래서 우리는 가장 먼저 관객이 없는 이야기를 써야 한다. 오늘날 우리가 마주하는 가장 큰 어려움은 실체와 허무, 진짜와 가짜,

두근거리는 심장과 거짓을 구별하는 것이다. 자기만의 독특한 경험을 공유한다면 정직함이 수요를 만들어 낼 것이다.

그러면 이제 중요한 질문을 던져야 한다. "당신의 진정한 이야기는 무엇인가?" 이를 찾기 위한 가장 좋은 방법은 인생에서 아름답거나 마음 아픈 결정적인 순간을 모두 모으는 것이다. 이러한 경험을 통해 당신이란 어떤 사람인지, 그리고 어떤 사람이 되고 싶은지를 엿볼 수 있다.

미래를 잘 쓰기 위해
과거를 분석하라

내가 어떤 사람이고 또 어떤 가치를 중요시하는지 깊게 파헤친 결과, 인생은 패턴을 파악하는 게 중요하고 인생의 점을 꾸준히 모아야 그 점을 잇기가 수월하다는 사실을 깨달았다.

- ✦ 당신의 인생에서 (좋든 나쁘든) 가장 결정적인 순간은 언제인가요?
- ✦ 당신이 지금 하는 일을 지속하게 만드는 이유나 원동력은 무엇인가요?
- ✦ 당신의 인생에서 도움이 된 사람이나 충고가 있다면?

기본적인 질문이지만 과거의 경험과 깨달음뿐만 아니라 당시의 주변 상황까지 생각해 볼 수 있다. 잃었다가 찾은 경험, 무직이었다가 직장을 구한 경험, 살이 쪘다가 날씬해진 경험, 절망적이었다가 희망을 찾은 경험, 막막했던 앞날이 밝아진 경험 등 일종의 전환이나 '상태 변화'를 발견할 수도 있다. 자세한 내용을 채우기 전에 "나는 과거에 그랬었고, 지금은 이러하다. 그 사이에 나는 이런 일을 겪었다"와 같은 간단한 구조로 이야기를 시작하면 실수할 일이 줄어든다.

내 수업에 들어온 레바논 출신인 스물다섯 살 학생은 처음에는 자기 삶에서 이야기할 가치가 있는 중요한 순간을 떠올리지 못했다. 하지만 바르셀로나로 와서 프로젝트 매니지먼트 석사 과정을 밟게 된 이유를 묻자 놀라운 이야기가 밝혀졌다. 그는 2020년 8월 4일 자신의 고향인 베이루트에서 폭발 사고가 일어나자 평판 좋은 건설 회사의 기술직을 그만두고 유엔국제연합에서 자원봉사를 했다. 어릴 때부터 내전의 여파로 파괴된 도시에서 자랐던 그는 공동의 이익을 위해 자신의 안락함과 행복을 희생해 베이루트 재건설에 힘을 보태고 싶었다고 한다. 그의 자세한 이야기를 정리하며 도달한 결론은 다음과 같다.

"저의 열정은 공동체와 건설입니다. 제가 자란 도시는 파괴가 일상이었습니다. 2020년 베이루트에서 폭발 사고가 일어났을 때, 저는 기술직을 그만두고 유엔에서 자원봉사를 했습니다. 바르셀로나에서 석사 공부를 하는 이유는 제 능력을 키우고 궁극적으로 고향을 전보다 더 튼튼하게 만들기 위해서입니다."

이 이야기는 오로지 이 청년만이 할 수 있다. 단 몇 문장 안에 왜 그런 선택을 했는지 그의 가치관은 무엇인지 알 수 있으며, 이는 설득력 있는 이야기의 필수적인 요소다. 그는 과거의 경험을 진지하게 돌아보기 전에는 아무런 이야기가 없다고 생각했지만, 조금만 파고 들어가자 국경을 초월하는 독특한 경험이 드러나는 이야기가 있었다는 사실이 밝혀졌다.

내 친구 알바 미하이(Alba Mihaj)도 마찬가지다. 수업 첫날, 알바는 자기의 이야기를 하지 않겠다는 의사를 확실히 전했고, 우리가 만날 때마다 나는 그녀의 마음을 움직일 수 없을 거라고 생각했다. 하지만 마지막 수업이 끝나기 15분 전, 그녀는 나를 한쪽으로 불러내더니 이렇게 말했다.

"제 이야기를 해야겠어요."

정말 아름다운 경험이었다. 알바는 수업 내용에 관심이 있었을 뿐만 아니라 수업이 끝나고도 배운 것을 실천에 옮겼다고 했다. 그녀가 자신의 이야기를 털어놓기 시작하자 10분 동안 교실의 학생들은 그녀의 한마디 한마디를 놓치지 않으려고 귀를 기울였다. 그녀는 1년 전 아버지가 갑자기 돌아가시면서 자기의 초능력이 사라진 것 같았다고 했다. 든든한 기둥이자 가장 친한 친구였던 아버지를 잃자 완전히 길을 잃은 기분이었다. 하루도 눈물이 마를 날이 없었던 그녀에게 바르셀로나로 와서 학위를 따는 건 초능력을 되찾기 위한 첫 번째 노력이었다. 그녀의 용기와 날것의 아픔은 전 세계에서 모인 30명의 학생에게 깊은 감명을 주었고 수업이 끝나자 모두 따뜻한 포옹을 나누었다.

알바가 자기 목소리를 내기까지의 놀라운 과정을 지켜보는 건 대단히 감격스러운 일이었다. 하지만 그녀는 거기에서 멈추지 않았다. 일주일 뒤 그녀는 낯선 사람들이 지켜보는 오픈 마이크 무대 위에서 한 번 더 자기 이야기를 할 예정이라고 메시지를 보내왔다. 또한 그녀가 정말로 원하던 일자리를 구했을 때, 있는 그대로 자기 모습을 드러낸 덕분에 면접에서 뽑힐 수 있었다고 했다. 알바가 새 학기 첫날 학생들 앞에서 초청 강연을 해주던 감격스러운 순간은 내 마음 한쪽에 항상 자리 잡고 있다.

자기만의 이야기를 찾을 때 곧바로 떠오르지 않는 게 당연하다. 그렇지만 나만의 이야기를 찾고 다른 사람들과 편안한 환경에서 그 이야기를 나눈다면 놀라운 경험과 깨달음을 얻을 것이다. 이야기는 이미 우리 안에 존재한다. 주변 사람의 도움과 약간의 구슬리기를 통해 이야기를 꺼내서 자신 있게 사람들과 소통하자.

인생의
연대표를 그려라

나는 작은 것부터 차근차근 나아가는 게 무언가를 시작하기 위한 가장 좋은 방법이라고 굳게 믿는다. 그런 의미에서 앞서 언급한 세 가지 질문이 도움 되는 건, 기억에 남는 하나의 경험, 주된 원동력, 도움이 된 하나의 조언이나 관계를 생각하게 만들기 때문이다.

나와 나의 제자들 모두에게 도움이 되었던 또 하나의 방법은 인생의 연대표를 만드는 것인데, 주로 자기 인식, 팀워크, 창의적 수업에서 사용된다. 내가 직접 이 방법을 사용했을 때든, 학생들에게 가르쳐주었을 때든, 처음에는 중요하지 않다고 생각했던 경험에서 큰 의미를 찾았을 뿐만 아니라 잡담 없이도 그 사람이 누구인지 핵심에 도달할 수 있기에 다른 사람과 가까워지는 모습을 셀 수 없이 많이 목격했다. 이 방법이 쓰이는 이유는 마치 마르게리타 피자가 인기 있는 이유와 비슷하다. 맛있고, 만들기 쉽고, 다른 토핑을 추가할 수 있기 때문이다.

① 종이를 가로로 놓고 중간에 선을 길게 긋는다. 컴퓨터로 할 수도 있지만, 처음에는 펜과 종이로 작업하기를 권한다. 손으로 직접 쓰는 행동만으로도 마음이 차분해질 것이다.

② 태어난 날부터 지금까지 당신의 인생에 큰 영향을 끼쳤던 개인적인 일이나 직업적인 일, 크거나 작은 일, 좋거나 나쁜 일을 모두 적는다. 이 단계에는 고등학교 졸업과 대학교 졸업, 취직, 이사나 이민, 큰 목표를 달성했을 때, 실패한 경험, 연애, 제일 친한 친구를 사귀었을 때, 주변 사람의 죽음이나 건강 문제 등 중요한 사건이 포함된다.

③ 일단 초안을 적고 나면 새로운 기억이 또 떠오를 수 있으니 하루나 이틀 뒤, 그리고 일주일이나 이주일 뒤에 다시 꺼내서 빠진 부분을 채워 넣는다.

④ 마지막으로, 이 문서에 계속 장작을 넣어줘야 한다. 우리의 인생, 즉 우리의 이야기는 지금도 계속 진행 중이다.

연대표를 작성하고 계속 채워가다 보면 특정 사건을 새로운 눈으로 바라볼 수 있으면서 인생의 '맥락'을 파악하고 궁극적인 교훈을 깨달을 수 있다. 또한 과거를 돌아보는 과정에서 반복되는 패턴과 주제를 찾게 되는데, 이 영역에 깊게 파고들면 당신이 특정 가치를 고수하는 이유를 알 수 있다.

나는 여기에서 한 단계 더 발전해서 구체적인 주제로 연대표를 만들어 더 세세히 분석하는 걸 좋아한다. 다음은 주제로 삼기 좋은 예시들이다.

① 직업적으로 중요한 순간을 골라 연대표를 만든다. 당신이 직면한 과제나 중요한 사건, 진행했던 프로젝트, 중요한 결정, 매년 맺어온 인연 등에 관한 생각과 감정을 구체적으로 살펴볼 수 있다.

② 인간관계에서 중요한 순간을 골라 연대표를 만든다. 밀접한 관계나 우정을 중심으로 연대표를 만들면 사람으로부터 배운 중요한 교훈이나 함께 공유한 경험에 집중할 수 있다. 옛날 사진이나 이메일, 문자 메시지, 소셜 미디어에 올렸던 게시물 등을 다시 살펴보면 사건을 시간순으로 정리하기도 편하고, 그때의 상황을

다시 떠올리기도 좋다.

③ 진심으로 화가 났던 순간들로 연대표를 만든다. 화가 났던 순간을 돌이켜보면 놀라운 사실을 알 수 있다. 사람들의 어떤 말과 행동에 화가 나는지, 또 세상의 어떤 문제를 바로잡고 싶은지를 통해 당신이 어떤 가치를 중요하게 여기는지 드러나기 때문이다. 예를 들어 내가 가장 중요하게 여기는 가치는 호기심과 친절이다. 왜냐하면 정반대의 대우를 받을 때 어떤 기분인지 누구보다도 잘 알기 때문이다.

이 방법은 매년 생일마다 무엇을 했고, 어디에 있었고, 누구와 있었는지 기록하는 데 사용할 수도 있다. 어떤 주제를 선택할지는 무궁무진하다. 나는 내 인생에서 가장 행복했던 순간과 가장 잔인했던 순간, 그리고 전환점이 되었던 순간을 기록했고, 그 결과 이 책이 나올 수 있었다.

당신만의 연대표를 만들어라. 과거의 경험에 물음표를 던지다 보면 그때의 자세한 상황과 감정, 그 경험을 통해 얻은 깨달음, 그리고 등잔 밑이 어두워 보지 못했던 중요한 사건이 서서히 모습을 드러낼 것이다.

나는 오랜 시간 동안 사람들에게 들려줄 이야기가 없고 사람들이 궁금해할 만한 이야기도 없다고 생각했다. 시간은 걸렸지만 나 자신을 알아가고 이 세상과 그 속에서의 내 역할을 탐구한 결과, 마침내 나는 이야기할 가치가 있는 사람이라는 걸 깨달았다.

사람들이 "당신의 이야기는 무엇인가요?"라고 물어보거나 "당신에 대해 말해보세요"와 같은 두려운 질문을 할 때 나는 아래의 문장을 조금씩 바꿔서 대답한다.

"저는 어렸을 때 심하게 말을 더듬는 수줍은 아이였고 그래서 친구 사귀는 걸 힘들어했어요. 예전에는 두려움을 극복하고 자신감을 키우기 위해 영업직을 선택했고, 지금은 저와 비슷한 어려움을 겪는 사람들이 다른 사람과 관계를 맺고 자기만의 이야기를 만들어갈 수 있도록 돕고 있어요."

불과 10초 만에(말을 더듬으면 12초 정도) 사람들은 내가 무슨 일을 하는지뿐만 아니라 왜 그 일을 하는지 알게 된다. 이 대답은 지금까지의 내 여정을 보여주면서도 내가 가장 중요하게 여기는 가치는 다른 사람의 여정이 수월해지도록 내가 배운 것을 나눠주는 것이라는 걸 잘 설명한다. 가장 중요한 건 정직한 태도다. 능수능란한 마케팅이나 영리한 광고문구는 필요 없다. 내가 자신 있게 내 이야기를 할 수 있는 건, 그게 내가 살아온 인생이기 때문이다.

당신은 알아갈 가치가 있는 사람이다

나는 라이아와 리암, 그리고 가장 최근에 우리 가족이 된 루크에게 평생 고마울 것이다. 이 세 명 덕분에 어떻게 하면 의미 있는 삶을 살 수 있을지 수많은 교훈을 얻을 수 있었다. 하지만 그중에서도 가장 중요한 교훈은 바로 이것이다. 좋은 일은 우리가 걸음을 멈추었을 때 일어난다.

나는 매일 무엇을 하고 있었든 삶이 얼마나 바쁘든 상관없이 최소 30분(24시간의 2퍼센트 정도에 해당되는 시간이다)만큼은 나를 위해 남겨둔다. 30분 중 절반은 숨을 돌리기 위한 휴식 시간으로 사용하고, 나머지 절반은 나의 경험과 생각, 감정을 적는다.

우리가 사는 정신없이 바쁜 세상에는 속도를 늦추라는 표지판도 찾아보기 어렵다. 온라인 세상으로 들어가면 속도는 더 빨라지기만 하며 나만 빼고 모두가 인생을 이해하고 있는 것 같다. 하지만 모든 사람이 달리고 있어도 우리는 공원 벤치에 앉아 맛있는 복숭아를 맛볼 수 있는 사람이 되자. 매일 수첩을 들고 다니며 당신이 마주한 역경, 행복했던 순간, 그리고 그 순간 속 당신의 생각과 감정을 적어보자.

거대한 이야기에 발을 들이기 전에 일상을 기록하는 건 큰 도움이 된다. 새로운 고객을 만나고, 새로운 동네로 이사 가고, 직장을 옮기거나 새로운 친구를 사귀는 것과 같은 평범해 보이는 일상에도 연관성이 존재하며 자기 자신과 세상에 대해 새로운 깨달음을 얻을 수 있다.

우리의 이야기에 모든 정답이 들어 있지는 않겠지만, 이야기는 자기 자신과의 대화는 물론이고 다른 사람과의 대화를 풍요롭게 만든다. 당신의 이야기는 평생에 걸친 작품이다. 당신은 알아갈 가치가 있는 사람이다. 과거를 돌아보며 이미 얼마나 많은 역경을 극복했는지 알게 되면 중요한 순간에 대담해질 수 있는 용기가 생길 것이다.

열한 번째 위칙

두려워도 앞으로 나아가라

여성은 식탁에 앉아 앞에 놓인 네 개의 이름을 바라보고 있었다. 그녀의 손이 미세하게 떨리고 있었다. 78세의 나이에도 불구하고 그녀의 심장은 첫사랑에 빠진 10대 소녀처럼 두근거렸다. 이 여성은 몇 달 전 스페인 북부를 가로지르는 800킬로미터의 산티아고 순례길을 걷던 중 한 남자를 만났다. 처음에는 그녀가 우연히 만난 친절한 낯선 사람 중 하나에 불과하다고 생각했다. 둘은 몇 분간의 짧은 대화를 나눈 후 각자의 길을 떠났고, 그렇게 서로의 이름도 모른 채 헤어졌다.

하지만 긴 여행을 끝내고 노르웨이의 집으로 돌아간 후, 그녀는 그 남자에 대한 생각을 떨쳐낼 수가 없었다. 그 남자에게서 알 수 없는 무언가가 느껴졌다. 왜 자꾸 그의 얼굴이 떠오르는지 정확한 이유를 알 수 없었고, 어두운 밤 혼자 잠자리에 들어 눈을 감고

서야 그 남자를 다시 만나고 싶다는 걸 깨달았다.

그녀가 여행을 계획했을 때만 해도 새로운 사람을 만난다는 건 전혀 생각이 없었다. 그녀는 몇 년 전 먼저 세상을 떠난 남편의 죽음을 받아들이기 위해 순례길에 오르기로 결심했다. 사랑하는 사람을 잃은 후 다시 일어서기 위한 그녀만의 방식이었다. 하지만 왠지 모르게 편안한 낯선 이와의 대화가 머릿속에서 계속 되풀이되었다. 그러던 어느 날 그녀는 뭐든 해보자는 결심에 이른다.

달리 도움을 요청할 곳이 없었기에 무작정 산티아고 순례길 사무실에 전화를 걸어 자기의 모든 이야기를 털어놓았다. 그녀는 순례길을 걷다가 어떻게 남자를 만나게 되었는지 설명했다. 그 사람에 대한 정보가 거의 없었지만, 네덜란드 출신이라는 건 알고 있었다. 그녀는 남자의 이름도 모른다고 말하며 민망한 웃음을 터뜨렸다.

대부분 기관에서 개인 정보를 넘겨주는 것에 대해 엄격하게 제한하기 때문에 가능성이 별로 없다는 걸 알고 있었다. 하지만 운 좋게도 그녀의 이야기는 감수성을 건드렸다. 자료를 찾기까지 시간이 좀 걸렸지만, 통화가 끝날 때쯤에는 그녀와 같은 시기에 순례길을 걸은 네 명의 네덜란드 남자의 이름과 주소를 얻을 수 있었다.

막연히 꿈꿨던 순간이 현실로 다가오자 실감이 나지 않았다. "이제 어떻게 해야 하지?" 그녀는 중얼거렸다. "뭐라고 말을 꺼내야 하지?" 며칠 후 네 남자의 이름을 손에 쥐고 집 안을 서성거리던 그녀는 기발한 계획을 떠올렸다. 즉시 자리에 앉아 저녁 내내 네 명의 남자에게 보낼 네 장의 똑같은 크리스마스카드를 썼다.

그로부터 3년 후, 나의 아버지는 최근 일어난 인생의 큰 사건을 정리하기 위해 카미노 데 산티아고 순례길을 걷다가 스페인 레온에서 몇 킬로미터 떨어진 카페에 들렀다. 아버지는 바 테이블에 자리를 잡았다. 오른쪽에는 나이 든 커플이 앉아 있었다. 아버지는 고개를 숙여 그들에게 인사를 건넸다. 두 사람과 몇 잔의 와인을 나눠 마신 후 아버지는 두 사람이 어떻게 만나게 되었는지 물었다. 두 사람은 서로를 마주 보며 미소를 지었다. 그리고 남자는 우편물을 살펴보던 어느 날 낯선 사람이 보낸 편지를 발견했다는 이야기를 시작했다.

먼저 움직이지 않으면 얻을 수 없다

나는 막막한 기분이 들 때면 이 이야기 속 여성이 식탁에 앉아 있는 모습을 상상한다. 그녀는 전화기를 들었다가 다시 내려놓으며 이 모든 계획이 터무니없는 짓은 아닐지 고민했을 것이다. 하지만 그녀는 "내가 잃을 게 뭐가 있어?"라는 마음으로 천천히 안내 센터의 전화번호를 입력해 전화를 건 뒤 도움을 요청했을 것이다. 네 번째 편지를 처음과 똑같은 마음으로 쓰고 있는 그녀의 모습이 그려진다. 그녀의 두근거리는 마음이 실제로 느껴지는 것 같다. 우편함을 살펴보던 그녀가 마침내 한 남자의 이름을 발견했을 때 눈가의 주름살이 곱게 접히는 모습이 눈에 선하다.

나는 용기 있게 행동에 옮긴 그녀를 떠올리면서 용기를 내지 못하면 인생에서 원하는 것을 얻지 못한다는 사실을 다시금 되새기게 된다. 거절당할까 봐 두려워서 얼마나 많은 날을 망설이기만 했는가? 꿈꾸던 일이 잘못되는 상상을 하면서 얼마나 많은 날을 무기력한 채로 있었는가? 가능성을 보지 않고 변명만 늘어놓으며 얼마나 많은 기회를 놓쳐버렸는가?

이 이야기 속 나이 지긋한 여성을 떠올리며 더 이상 나도 머뭇거리는 삶을 살지 않겠다고 다짐한다. 그 대신 나는 앞으로 나아가는 삶을 선택하겠다. 그러기 위해서 아마 우리는 천 통의 편지를 보내야 할 수도 있다. 거절당할 수도 있고 상처를 받기도 할 것이다. 당신이 원한다고 생각했던 일이 사실은 진짜 원하는 게 아니라는 걸 깨닫고 목표를 바꿔 처음부터 다시 시작해야 할지도 모른다. 인생이 항상 순조로울 수는 없는 법이다. 하지만 망설이지 않고 행동에 옮기는 사람이 된다면, 새로운 기회와 새로운 이야기, 새로운 관계에 마음을 열고 다가가 인생의 행복과 의미를 얻을 수 있을 것이다.

과거는 현재를 위한
연료다

나도 마음 한편으로는 인생에 조금의 후회도 없다고 말할 수 있는 사람이 되고 싶다. 나는 수도 없이 많은 후회를 했다. 그렇지만 가장 나를 괴롭게 하는 후회는 좋은 결과를 얻지 못했거나 피하지 못했던 실수가 아니다. 그건 바로 시도할 용기조차 못 냈던 순간, 두려움에 굴복하거나 내 마음의 소리보다 다른 사람의 말을 들었던 순간이다. 이 사실을 깨닫기까지 오랜 시간이 걸렸지만 우리에게 아직 인생이 남아 있는 한, 후회는 단순한 후회가 아니라 일깨워주는 교훈이다.

나에게는 아직 시간이 있다는 교훈, 선택은 나의 것이라는 교훈, 나는 변할 수 있다는 교훈.

어쩌면 우리 인생에는 단 한 번의 기회가 주어질지도 모른다. 하지만 살아가는 동안 수도 없이 많은 기회를 잡을 수 있다. 나와 주변 사람들이 스스로 인생의 청신호를 켤 수 있게 도와주는 건 우리의 의무다. 용기를 내서 원하는 목표를 쫓지 않으면 세상으로부터 우리의 가능성을 빼앗는 것이기에 의무를 다하지 않는 건 이기적이라고 말할 수도 있다.

나에게도 두려웠지만 대담하게 행동했던 순간이 많다. 자리를 지키고 싶었지만 용기를 내 도전했던 순간도 있고, "이건 옳지 않아요!"라고 목소리를 냈던 순간도 있었다. 어떻게 되든 상관없다는 마음으로 진짜 내 모습을 드러냈던 때도 있었다. 하지만 항상 좋은 결과만 있었던 건 아니다. 때로는 상처를 입거나 정신적 충격을 받았고, 빈털터리가 된 적도 있다.

　영업일을 하면서 자신감을 키운 후, 내가 가진 모든 것과 모든 재산을 걸고 중앙아메리카의 부동산 개발에 손을 뻗었다. 결과는 끔찍했다. 나는 가족이라고 생각했던 남자에게 사기를 당했다. 한 번의 전화 통화만으로 내가 열심히 일군 모든 것과 정신 건강, 심지어 겨우 찾은 자신감마저 무너졌다. 그의 사기 행각과 낡은 법적 절차 때문이었다. 어떤 남자가 내 주택을 자기 명의로 바꿔서 팔아버리는 바람에 25만 달러를 잃었다는 것 말고도 30세의 나이에 아무것도 내세울 게 없이 고향으로 돌아가야 한다는 사실이 창피했다. 이 손해로 인해 내 인생은 다 끝났다고 생각했고, 지금까지의 내 모든 경력에 먹칠이 칠해졌다고 확신했다. 이제 와 돌이켜보면 그때 그런 결정을 했다는 사실에 큰 자부심을 느낀다. 결과는 안 좋았지만, 어쨌든 내가 원하던 기회를 붙잡았기 때문이다.

　실업자인 데다가 수중에 돈 한 푼 없었기에 미래는 불확실했지만, 그로부터 2년 뒤 나는 술집을 전전하며 슬픔에 허우적거리기를 끝내고 다시 한번 주사위를 던졌다. 이번에는 배낭 하나에 인생을 담아 스페인 바르셀로나로 가는 편도 티켓을 샀다. 나는 6개월이나 문을 두드리고 나서야 내가 원하는 대답을 들을 수 있었다. 내가 경험한 모든 거절과 실패는 내가 꼭 만나야 했던 한 사람을 만났을 때 비로소 끝이 났다. 이 여성은 자기 인생을 이해하기 위해 중요한 순간에 용기를 내고자 열심히 노력하고 있었다.

내가 영업직에서 자리를 잡느라 고군분투하고 있을 때, 스페인 카탈루냐 지역의 작은 마을에 살던 이 여성은 영어를 배우기 위해 아일랜드의 수도 더블린으로 떠났다. 여행을 다니고 해외에 사는 건 그녀의 꿈이었다. 수줍음의 대명사 같았던 그녀지만 비행기에 몸을 싣고 편의점에서 일자리를 구해 음료수나 복권을 팔며 생활비를 벌고 영어를 공부했다. 이 모험이 끝나자 그녀는 다시 비행기를 타고 다른 곳으로 떠났다. 그다음 또다시 비행기를 타고 지구를 횡단한 다음 배낭을 메고 돌아왔다.

10년 후 내가 그녀를 만났을 때, 나는 스페인 비자 체류 기간이 넘어버려서 더 이상 합법적으로 이 나라에서 살거나 일자리를 구할 수가 없는 상황이었다. 그런데도 나와 가까운 친구인 제이미 크룩섕크(Jamie Cruickshank)는 카탈루냐 자치정부를 위한 프레젠테이션 및 협상 세미나를 진행하는 자리에 면접을 보라고 권유했다. "내가 뽑힐 리가 없어. 게다가 내가 불법체류 중이라는 걸 누구라도 알게 되면 추방당할 거야."

하지만 제이미는 내 말에 동의하지 않았다.

"그냥 도전해 봐, 친구. 어쨌든 돈이 떨어지면 이 나라를 떠나야 하잖아."

나는 면접을 보는 것 자체가 시간 낭비라고 생각했다. 이미 수십 번이 넘는 면접을 봤지만 그들은 하나같이 내가 유럽 거주자가 아니어서 뽑을 수 없다고 했기 때문이다. 하지만 내가 문으로 나가려고 할 때 에이전시 대표는 나를 멈춰 세우고 말했다.

"어떻게든 되겠죠. 당신이 이 자리에 적격이에요. 우리가 방법을 찾아볼게요."

그리고 세미나 첫날, 바로 그 여성이 나에게 다가와 자기소개를 했다. 그녀는 사람들 앞에서 말하는 게 두려웠지만, 자신감을 키우기에 좋을 것 같아서 이 세미나를 신청했다고 말했다. 결국 인생의 온갖 반전과 변화와 위기와 모험을 겪은 우리 두 사람은 마침내 세미나가 끝난 어느 날 그녀의 사무실 밖에 서서 대화를 나누게 되었다. 훗날 그녀는 내가 내 이야기를 털어놓던 순간부터 관심이 생겼다고 말했다. 내가 모든 답을 알고 있는 척하지 않는 모습이 마음에 들었다고 했다. 내가 새로운 나라에서 인생을 다시 시작할 수 있는 굳은 의지가 있다는 걸 좋아했다. 또한 말을 더듬는 남자가 어떻게 커뮤니케이션 업계에서 일하게 되었는지에 강한 호기심을 느꼈다. 나를 만나기 전까지 그녀는 한 번도 누군가에게 먼저 용기를 내 데이트를 신청한 적이 없었다. 하지만 10월의 어느 흐린 날, 그녀는 용기를 냈다. 그리고 11개월 뒤, 바로 그 여성 라이아와 나는 사랑하는 가족과 친구들 앞에서 작은 결혼식을 올렸다.

인생에서 가장 의미 있는 순간들은 우리가 노력했기에 얻을 수 있었다. 그리고 그건 용기 내 기회를 잡았던 순간들이다. 우리의 땀과 눈물, 두려움, 꿈, 그리고 교훈은 모두 우리의 선택을 통해 얻어지며, 궁극적으로 우리의 인생을 정의한다. 인생의 중요한 순간은 그냥 주어지지 않는다. 인생의 중요한 순간은 매일의 행동, 그리고 중요한 순간에 발휘하는 용기에 의해 만들어진다.

용기 낸 경험을 찾아라

많은 사람이 대담하거나 용기 있는 사람을 떠올릴 때 두려움을 모르는 슈퍼히어로를 상상한다. 어쩌면 그런 사람이 존재할지도 모른다. 하지만 나는 그럴 리가 없다고 확신하는데, 왜냐하면 두려움과 불확실함, 의심이야말로 인간을 정의하는 감정이기 때문이다. 이런 감정들을 다른 사람에 비해 적게 느끼거나 밖으로 드러내지 않고 잘 숨기고 관리하는 사람도 있을 것이다. 하지만 그렇다고 해서 이런 감정을 전혀 느끼지 않는 건 아니다. 즉, 용기를 내거나 대담하게 행동한다는 건 이런 감정들을 전부 없애는 게 아니라 감정을 있는 그대로 인정하고 어떻게든 행동에 옮기기 위해 노력하는 것을 의미한다.

나는 내가 용기의 정반대에 있는 사람이라고 생각했다. 새로운 사람들을 만나면 손바닥이 땀으로 흥건해졌다. 새로운 학생들을 가르칠 때면 심장이 터질 것 같았다. 온라인 프레젠테이션을 할 때면 나도 모르게 미친 듯이 왼쪽 다리를 떨었다. 하지만 그와 동시에 나는 세계를 여행해 봤고, 가끔은 혼자서 떠날 때도 있었다. 아는 사람도 없고 좋은 일자리도 없는 새로운 나라로 무작정 떠나서 성공하기 위해 죽기 살기로 싸우기도 했다. 창피를 당했을 때도 두려움에 굴복하지 않고 끊임없이 도전했다.

간단하게 말해서, 나는 용감한 사람이다. 그리고 좋은 소식은 당신도 마찬가지라는 것이다. 당신이 여기까지 왔다는 건, 이미 당신을 막아서는 수많은 어려움과 두려움을 극복했다는 의미다. 다른 사람이 알아봐주길 기다리지 말고 우리가 직접 용기를 냈던 순간들을 찾아보자. 먼저 경험을 분류해야 한다. 용기를 냈던 소소한 순간이나 궁지에 몰렸을 때 헤쳐나왔던 중요한 순간을 모아 당신만의 '대담함' 또는 '용기' 리스트를 만들어라.

또한 당신의 가치관에 반하는 일을 거절하거나 도움을 요청했던 용기도 포함하자. 아마 그 상황에서는 스스로 나약하거나 불확실하다고 느꼈기 때문에 용감한 행동이라고 생각하지 못할 수도 있지만, 그런 행동이야말로 진정한 용기다. 거절하거나 도움을 요청하는 건 자기의 가치를 지킬 만큼 용기 있고, 다른 사람의 도움이 필요하다는 걸 인정할 만큼 용기 있다는 의미다.

아무리 사소해 보일지라도 용기를 냈던 순간을 모아보자. 온몸이 긴장으로 뻣뻣해질 때마다 당신은 불편한 상황을 끝까지 해내는 용감한 사람이라는 걸 떠올리자. 스스로 용기를 냈던 놀라운 순간들을 종이에 적어서 '맙소사!' 병에 넣어두는 방법도 좋다. 이 단순한 행위로 당신이 이미 얼마나 많은 걸 이뤘는지 알 수 있기에 앞으로 나아가고 싶지 않은 순간이 오더라도 강력한 동기부여를 얻을 수 있다.

앞으로도 두려움은 절대 사라지지 않을 테고, 또 이러한 감정 덕분에 세상이 다채로워지고 인생에 큰 의미가 생기므로 사라져서도 안 된다. 계속 이런 상황을 반복하다 보면 마음이 조금 더 편안해지면서 불안감이 조금씩 해소될 것이다. 그렇다고 해서 두려운 상황에 무턱대고 뛰어들라는 말은 아니다. 일상의 작은 것부터 시작해서 서서히 용기 근육을 키워나가자.

일상에서 작은 용기 내기

아무리 내가 성과를 이루고 칭찬을 받았더라도 손바닥이 흥건해지지 않고 지나가는 날은 하루도 없다. 내가 입을 열 때마다 또는 방금 한 말을 다시 해달라고 요청받을 때마다 나는 얼굴이 토마토처럼 새빨개진다. 그래도 나는 그 상황을 외면하지 않는다. 그게 나의 초능력이다. 외면하지 않고 계속 부딪친다는 건 내가 노력한다는 걸 보여준다.

하지만 아무리 나라도 전략적인 작은 도약을 반복하지 않은 채 무작정 뛰어들지는 않는다. 나는 영업일을 하면서 한 번에 한 걸음씩 나아가는 것이 중요하다는 걸 배웠다. 그래서 처음에는 망치기 쉬운 중요한 거래보다 애초에 망칠 가능성이 낮은 오래된 이탈 고객을 맡았다. "일단 도전하자!"라는 마음이었기에 아무것도 잃을 게 없었다. 우리 팀은 매주 금요일 오후에 성공한 거래뿐만 아니라 얼마나 많은 통화를 했는지를 두고 서로를 축하했다. 그 과정에서 자신감과 인정은 일을 잘 해냈을 때만이 아니라 노력하는 사람이 되기로 선택했을 때도 얻을 수 있다는 걸 깨달았다.

나는 처음 글을 쓰기 시작할 때도 같은 전략을 썼다. 대중에게 글을 공개하기 전에 개인적으로 글 쓰는 연습을 하면서 나보다 잘 아는 사람에게 도움을 구했다. 첫 글을 올릴 때 물론 긴장도 했지만, 내가 쏟아부은 노력을 알기에 즐거운 마음으로 글을 올릴 수 있었다. 나는 지금까지 300편이 넘는 글을 발행했고, 모든 글은 단어 하나를 고르고, 그다음 단어를 고르고, 또 그다음 단어를 고르면서 완성할 수 있었다.

당신의 목표가 글쓰기라면 매일 글을 올리겠다는 부담을 느끼기보다는 하루에 한 문장씩 쓰기로 다짐해 보자. 그러다 보면 한 문장을 쓴 뒤에 멈추고 싶지 않은 순간이 올 것이다. 당신의 목표가 존경하는 사람과 만나는 것이라면 하루에 한 명씩 낯선 사람에게 인사를 건네며 조금씩 용기를 내는 방법도 좋다. 말하기 실력을 키우고 싶다면 매일 3분씩 자기가 말하는 모습을 녹화해 보자. 다른 사람에게 보여줄 필요도 없고 어떤 주제든 상관없다. 자기만의 규칙을 세워보자. 책의 한 구절을 읽거나 전날 무엇을 배웠는지에 대해 말할 수도 있다. 가장 중요한 건 당신의 목표가 무엇이든 간에 일단 시작하는 것이다.

내 두려움의 대부분은 말하기와 관련되어 있지만, 나는 종업원이나 계산원과 잡담을 나누거나 하루에 적어도 한 명의 친구에게 전화를 걸기도 하고, 아이의 친구들과 방과 후 축구 게임을 하며 그들의 부모님과 가벼운 대화를 나누는 등 대화를 나누는 상황을 꼭 만들려고 하는 편이다. 대화가 항상 편하거나 자신감이 넘쳐서 그런 건 아니다. 하지만 이 방법을 통해 서서히 용기 근육이 자라나기 때문에 위험성이 높거나 가치관이 시험당하는 순간이 닥쳐도 잘 대처할 수 있다.

인생이 당신에게 시련을 안겨줄 때까지 기다리지 말고 적극적으로 용기 있는 행동을 반복하며 마음의 근육을 키워라. 두려운 상황이 다가올 때마다 되뇌어라.

"더 용기 있게 행동하려면 무엇이 필요할까?"

AAA 체계를 통해
두려움을 떨쳐내라

2022년 봄, 나는 다시 한번 시험대에 오르는 기분이 들었다. 전화를 받을 때마다 나쁜 소식이 밀려왔다. 스페인 체류 자격에 문제가 생기면서 직장을 잃었고, 아이들을 돌보는 와중에도 아내와 함께 새로운 도시로 이사 갈 준비를 해야 했으며, 멀리서 사는 가족에게 심각한 건강 문제가 생겼지만 코로나19 때문에 병문안을 갈 수도 없는 상황이었다.

바로 그 시기에 자기관리 전문가인 재닛 브로니(Jeanette Bronée)가 자기의 책 《자기관리 마음가짐(The Self-Care Mindset)》 집필을 도와달라는 부탁을 해왔다.[1] 내가 현재 상황 때문에 제안을 받아들이기 어려울 것 같다고 하자 재닛은 다정하게 대답했다.

"제 책에는 삶의 주체성을 찾고 두려움과 불확실, 의심을 잘 다루기 위한 방법을 담을 거예요. 이 책을 쓰게 된 이유는 제가 지금 당신의 나이일 때 저의 부모님이 1년 동안 암을 앓다가 돌아가셨기 때문이에요. 아마 저와 일하는 것이야말로 지금 당신에게 꼭 필요한 것일지 몰라요."

그렇게 재닛과 함께 일하는 6개월 동안 나를 돌보는 용기에 대해 배울 수 있었다. 재닛이 가르쳐준 여러 귀중한 팁 중에서 가장 기억에 남는 건 'AAA 체계'라는 방법이었다. 이는 각각 인지(Acknowledge), 인정(Accept), 질문(Ask)을 의미한다.

첫 번째 단계에서는 도망치거나 감정을 억누르려 하지 않고, 지금 어떤 감정을 느끼는지 인지한다. 두 번째 단계에서는 상황과 감정을 있는 그대로 인정하면서, 그러한 감정을 느낀다고 해서 망가지거나 나약한 게 아니라 그냥 인간일 뿐이라는 걸 되새긴다. 그리고 세 번째 단계에서는 "~을 하기 위해서 나에게 필요한 건 뭘까?"라고 스스로 질문을 던진다.

나는 주변 사람들, 특히 고객들의 눈치를 많이 보기에 막막하거나 자신감이 부족할 때 목소리 내는 걸 힘들어한다. 하지만 재닛과 함께 일하는 동안 스트레스가 특히 심해질 때면 그녀는 억지로 몰아붙이지 말고 이 방법을 사용해 보라고 권유했다. 내가 느끼는 감정을 인지하고, 눈앞의 현실을 인정하고, 자신감 있게 헤쳐나가기 위해 나에게 필요한 게 무엇인지 물어보면서, 나는 상황을 통제하고 있다는 느낌을 받았고 나에게 필요한 게 무엇인지 재닛과 상의했다.

그 훈련의 결과, 나는 개인적인 문제를 해결해야 할 때 조금 더 집중할 수 있도록 며칠 쉬겠다고 말할 수 있었다. 또는 재닛에게 도움을 요청하고, 일정에 차질이 없도록 뛰어난 편집자인 스티븐 무어의 도움을 받기도 했다. 결국 재닛은 책 마감일까지 나를 가르쳐주었다. 그녀의 섬세함은 이루 다 말할 수 없다.

여러분도 이 방법을 시도해 보길 권한다. 개인적으로나 직업적으로나 역경을 마주하고 있을 때 잠시 멈추고 지금 어떤 감정을 느끼는지 인지하고, 현재 상황을 인정하고, 삶의 주도권을 되찾기 위해 무엇이 필요한지 질문하는 방법은 매우 효과적이다. 예를 들어, 사람들 앞에서 발표하기가 두렵다면 AAA 체계를 다음과 같이 사용할 수 있다.

✦ **인지**
불확실한 감정이 들고, 일을 망치거나 외면당할까 봐 두려운 마음이다.

✦ **인정**
지금 자신감이 부족하지만, 이 일은 나에게 중요하며 사람이라면 당연히 느낄 수 있는 감정이다.

✦ **질문**
더 자신감을 가지려면 무엇이 필요할까?

이제 당신이 취할 수 있는 다음 단계를 찾아보자. 자신감을 얻기 위해 대본에서 잘하는 부분만 골라 말하는 모습을 녹화하는 방법이 있다. 또는 발표의 흐름을 잘 기억하기 위해 대본을 처음부터 다시 써보는 방법도 있다. 아니면 믿을 만한 친구에게 전화해서 두려운 감정을 솔직하게 털어놓고 피드백을 받는 것도 좋다. 친구에게 전화하는 방법은 특히 도움이 된다. 두려움을 혼자 마주해야 한다는 법은 없을뿐더러 그럴 필요도 없다. 앞서 이야기했듯 '도움'을 요청하는 건 우리가 할 수 있는 가장 용기 있는 행동이다. 상대가 어려움을 극복할 수 있도록 도와줄 때 가장 의미 있는 우정이 만들어지는 것처럼 다른 사람에게 의지할 용기를 낼 때 더 깊은 관계를 쌓을 수 있다. 그뿐만 아니라 머리를 맞대면 더 좋은 결과를 얻을 수 있다.

재닛의 AAA 체계를 이용하면 어려운 일도 쉽게 느껴진다. 이 방법이 도움이 되었다면 나처럼 사무실 벽 한쪽에 'AAA'와 '~을 하기 위해서 나에게 필요한 건 뭘까?'를 적어서 붙여두자. 걱정한다는 건 그만큼 관심 있다는 뜻이라는 재닛의 지혜를 계속 되새길 수 있을 것이다. 이로써 나는 '걱정하는 사람'이 아니라 '관심 있는 사람'이라고 생각을 바꾸게 되었다. 어떤 방법으로도 효과가 없다면 꿈을 향해 용기를 냈을 때 일어날 수 있는 최고의 시나리오와 최악의 시나리오를 적어보고, 전자는 마음에 새기고 후자는 불태워버려라.

최악의 시나리오를 적고 불태워라

나이 든다는 것의 가장 좋은 점은 (당신이 이걸 선물의 관점에서 본다고 가정하면) 패턴을 파악할 수 있다는 것이다. 내가 발견한 아주 중요한 패턴은, 나 자신이 바보처럼 느껴지고 당황스럽고 심지어 수치스러웠던 순간은 사실 나에게 귀중한 교훈을 가르쳐주는 순간이었으며, 때로는 시간이 흐르면서 좋은 일로 바뀌기도 했다는 것이다.

앞에서도 이야기했지만, 내가 어릴 때 친구들, 심지어 선생님까지도 내 말더듬증을 놀렸다. 영업일을 할 때 수도 없이 전화가 끊겨보기도 하고, 어떤 남자는 내가 말을 더듬어서 같이 일할 수 없다고 말하기도 했다. 중앙아메리카에서 가족이라고 믿었던 사람에게 사기를 당했을 때 느꼈던 좌절감은 나를 무너뜨렸다.

친구들의 놀림을 제외하고는 이런 일이 일어날 줄은 상상도 하지 못했다. 이 모든 경험은 내가 쓴 최악의 시나리오를 훨씬 뛰어넘는 일이었다. 그런 상황을 겪으며 나는 자신감이 떨어지기도 했고 완전히 무너지기도 했다. 하지만 나에게 이 기억을 지울 수 있는 기회가 주어진다고 해도, 나는 단번에 거절할 것이다.

물론 나에게는 고통스러운 경험이었다. 하지만 조금이나마 상처를 덜어주었던 건 다음 날 꿋꿋하게 등교하고 출근했던 내 선택이었다. 학교에서는 놀림당했던 경험 때문에 그런 불합리에 옹호하지 않는 친구를 사귀게 되었다. 직장에서는 나와 같은 팀이 되기를 거부한 사람이 있었지만, 나머지 팀원들은 최선을 다해 서로의 성장을 도왔다. 코스타리카에서 좌절을 겪은 후, 나는 다시 한번 도전했고 그 여정에서 작가이자 코치라는 직업을 찾았으며, 무엇보다도 사랑하는 아내를 만날 수 있었다. 이 모든 경험을 통해 인생은 길다는 걸 깨달았고, 내가 무엇을 극복할 수 있는지 또 궁극적으로 무엇을 해낼 수 있는지 배웠다.

　나에게 큰 기대를 걸고 도전했을 때 일어날 수 있는 좋은 일과 나쁜 일, 그리고 최악의 일을 적어보자. 그리고 최고의 시나리오는 벽에 붙여두고, 나머지는 불태워버려라. 자기가 원하는 것이나 내가 옳다고 생각하는 걸 할 때 우리는 비로소 진실된 삶을 살게 된다. 어쩌면 처음에 상상했던 대로 결과를 바로 얻지 못할 수도 있다. 하지만 인생은 생각지도 못한 길로 당신을 안내할 수 있다. 마치 말을 더듬는 사람이 커뮤니케이션 컨설턴트와 코치로서 괜찮은 수입을 버는 것처럼 말이다.

상처가 우리를 아름답게 만든다

나는 한 여성과 네 개의 크리스마스카드에 관한 이야기를 항상 마음에 품고 있다. 하지만 내가 그 이야기를 알게 된 과정에는 내가 더 소중히 아끼는 이야기가 숨겨져 있다. 그 커플을 우연히 만났을 때 아버지의 연세는 73세였다. 막 은퇴하신 아버지는 맥주 한 병을 들고 안락의자에 편하게 몸을 누이는 대신, 이미 마지막 출근을 하기 전부터 계획해 놓았던 모험을 준비했다. 그건 바로 산티아고 순례길 걷기였다.

　출발일이 다가오자 아버지는 순례길 시작 지점인 카미노로 향하는 대신, 시차 적응도 할 겸 바르셀로나로 날아와 나와 아내를 보러 오셨다. 나는 지금까지도 아버지를 기차역까지 모셔다드리던 날 아침 아버지와 나눈 대화가 생생하게 기억난다. 이 한 번의 대화로 인생에서 많은 것을 얻기 위해 필요한 게 무엇인지 깨달았다. 아버지는 항상 조용하고 자신감이 있는 분이었지만, 그날만큼은 긴장하고 있다는 게 느껴졌다.

"괜찮으세요?"

내가 물었다.

"응."

아버지는 앞을 바라보며 대답했다. 하지만 아버지를 북쪽으로 데려갈 기차가 도착하자마자 아버지는 내 어깨를 잡고 내 눈을 뚫어지게 쳐다보면서 말했다.

"지금이 내 인생에서 가장 두려운 순간이란다."

그리고 부드러운 동작으로 나를 꼭 안아주고는 가방을 들고 한 번도 뒤를 돌아보지 않고 기차에 올랐다. 바쁘게 출근하는 사람들 사이에서 나는 온몸이 굳은 채 우두커니 서 있었다.

"가장 두려운 순간이라고?"

나는 중얼거렸다.

"어떻게 그럴 수가 있지?"

이 책을 쓰고 있는 지금 내 나이는 마흔네 살이지만 여전히 나에게 아버지는 슈퍼히어로이고, 실제로는 키가 180센티미터지만 눈을 감으면 마치 195센티미터처럼 느껴지는 거대한 사람이다. 아버지는 군 복무 내내 용기를 기준으로 삼는 법을 배웠고, 힘든 시기에 위험한 지역을 돌아다녔다. 나는 사랑과 상실로 가득 찬 인생의 모든 우여곡절을 겪은 아버지에게 스페인을 횡단하는 일이 뭐가 그렇게 두려운 건지 이해하기가 어려웠다.

하지만 기차역에 한참을 서 있던 나는 아버지가 마주하는 역경을 이해하기 시작했다. 아버지에게는 분명 은퇴 자체만으로도 두려울 것이다. 물론 은퇴를 기대하는 사람도 있다. 하지만 아버지와 같은 사람들은 플로리다로 떠나는 휴양에는 관심이 없다. 카미노로 떠나는 여행은 아버지에게 새로운 챕터의 시작이었다. 그곳에는 아버지를 기다리는 친구도 없고, 언어도 통하지 않으며, 예약해 둔 숙소도 없었다. 73세의 미국인이 배낭과 텐트만 짊어지고 외국을 횡단하고 있었다. 처음에는 조금 혼란스러웠지만, 기차에 오르는 아버지의 모습은 나에게 가장 소중한 기억이다.

나는 아버지가 자신 있게 인생의 다음 단계를 밟기 위해 길을 잃는 선택을 했다는 게 좋다. 나는 아버지가 아무리 두려웠어도 뒤를 돌아보지 않았다는 게 좋다. 나는 스페인에 가기로 결심하고 기차에 오르는 선택이 "이건 시작에 불과하다"라는 아버지의 조용한 외침이었다는 게 좋다.

아버지가 카미노에서 보낸 시간은 완벽과는 거리가 멀었다. 며칠 내내 비가 오기도 했다. 산을 오르다가 발목을 다치기도 했다.

길을 잘못 들어서서 지도에도 나오지 않는 곳을 헤매기도 했다. 하지만 아버지의 모든 불완전한 경험들은 오늘날 아버지가 가장 좋아하는 이야기가 되었다.

아버지가 바 테이블에 앉아 옆 사람에게 인사를 건넸을 때 나이 든 커플과 우연히 만났던 이야기, 상처의 아름다움을 가르쳐준 이야기, 중요한 순간에 용감하게 행동하는 마음가짐을 가진 사람만 배울 수 있는 이야기, 아니면 아버지의 표현을 빌리자면, 두려움을 꾹 참고 그 망할 기차에 올랐던 이야기 말이다.

손을 잡고 함께

정상에 올라라

금요일 오후 연차

나는 자리에서 일어나 남자에게 시간을 내주어서 고맙다고 인사한 다음, 카페를 나와 길에서 마주친 사람에게 내 엉덩이 좀 걷어차달라고 부탁할 참이었다. 존경하는 사람과 가까워지고 싶은 마음에 중대한 실수를 두 가지나 저질렀기 때문이다. 첫째, 너무 성급했던 나머지 그의 도움을 받는 만큼 어떻게 그를 도울 수 있을지 보여주지 못했다. 둘째, 제대로 된 노력도 하지 않은 상태에서 그에게 그런 성과를 이룬 비법을 물었다.

나처럼 바르셀로나가 제2의 고향이었던 그 남자는 코치이자 작가로서 놀라운 명성을 누리고 있었고, 그 두 분야는 내가 꿈꾸던 곳이었다. 연쇄 창업가, 〈파이낸셜 타임스(Financial Times)〉가 선정한 세계 최고 경영 교육 학교에 꾸준히 이름을 올리는 IESE 경영대학원의 리더십 및 커뮤니케이션 조교수, 교육적이고 즐거운 이야기로 몇십만 명의 구독자를 모은 유튜브 채널 소유주, 주류 출판물에 글을 올리는 작가, 그리고 무엇보다도 모두의 호감을 사는 인물이었다.

나에 대해 말하자면, 나는 이 업계에서 자리를 잡기 위해 애쓰는 중이었다. 나는 가진 모든 걸 잃은 후, 다시 일어서기 위해 몇 년 전 바르셀로나로 거처를 옮겼다. 대출과 부동산 업계에서 쌓은 내 경험이 스페인에서는 큰 의미가 없었다. 앞으로 나아가고는 있었지만, 속도가 더뎠다. 나에게는 아내가 있었고 우리 사이에는 첫아이도 태어났다. 최근에 글쓰기에 푹 빠졌지만 원하는 만큼의 영향력을 만들지 못하고 있었다. 이 남자와의 대화가 내 지지부진한 상황을 바꿔주길 바랐다. 그가 나의 휴식처가 되어주길 바랐다. 하지만 그런 일은 일어나지 않았다. 적어도 내가 예상한 방식으로는 아니었다.

깜박하고 지갑을 놓고 와서 남자에게 계산을 부탁해야 했던 건 그날 내가 저지른 가장 작은 실수였다. 횡설수설하던 나는 그가 악의 없는 농담을 던졌을 때 어떻게 그런 아내를 참고 살 수 있냐고 물어보기까지 했다. 녹초가 되어 집으로 돌아온 나에게 라이아가 어떻게 되었냐고 물어봤다. 내 무릎에서 방긋 웃고 있는 아들을 보며 "그 사람이 다시 연락할 것 같지 않아"라고 대답했다.

"내가 그를 만날 준비가 안 되었나 봐. 그 사람도 알고 있고, 나도 알고 있었어. 난 완전 멍청이처럼 굴었어."

하지만 놀랍게도, 몇 달 뒤 내가 임시로 만든 블로그에 글을 올리기 시작하자 첫 번째 글에 댓글이 달렸다.

"글 좋네요. 계속 써보세요."

그리고 또 몇 달 뒤 용기를 내 또 다른 글을 올리자 다시 한번 더 댓글이 달렸다. 이번에는 이렇게 쓰여 있었다.

"이번 글 정말 좋네요!"

알고 보니 내 자신감을 무너뜨린 사람과 다시 내 자신감을 채워준 사람은 동일 인물이었다. 그 직후 그는 친절하게 몇 가지 글감을 제안해 주었고, 그 덕분에 〈패스트 컴퍼니(Fast Company)〉라는 비즈니스 잡지에 내 글이 실리게 되면서 궁극적으로 코치와 작가로서의 경력을 빠르게 쌓을 수 있었다.

나는 운 좋게도 좋은 사람을 많이 만났다. 사랑하는 아내와 아이들, 부모님과 형제, 친구들과 고객, 그리고 제자들까지. 이 책에 소개한 모든 사람이 그렇다. 하지만 서른여덟 살에 내 커리어를 가장 발전시키기 위한 방법을 깨우치는 과정에서 바로 이 남자, 코너 닐(Conor Neill)만큼 큰 영향을 준 사람은 없다.

첫 만남 이후 그와 몇 번의 메일을 주고받은 지 1년 정도 지났을 무렵에 우리는 다시 만났다. 이번 만남은 지난번과는 달랐다. 나는 그에게 도움받은 만큼 나도 그에게 도움이 되고 있다는 게 느껴졌다. 대화가 마무리될 때쯤 나는 코너처럼 인기 많은 사람이 왜 나 같은 사람에게 시간을 내는지 이유를 알아야 했다. 그의 입에서 흘러나온 대답은 아마 평생 잊지 못할 것이다. 그는 마치 드라마 속 테드 래소처럼 이야기를 들려주기 시작했다.

"제가 갈림길에 서 있을 때였어요. 제 스승은 영향력을 발휘하려면 세 가지를 확실히 해야 한다고 하셨어요. 첫 번째는 자기의 사명이 확실해야 해요. 두 번째는 행동에 자신감이 있어야 해요. 그리고 세 번째는 가장 중요한 부분인데, 자기의 가치관을 확고하게 지킬 수 있어야 해요."

그는 말을 이었다.

"당신은 첫 번째와 두 번째가 부족한 것 같았어요. 하지만 확실히 우리에게는 같은 가치관이 있었어요. 나와 같은 가치관을 가진 사람을 만났다면, 그 사람은 두 번, 열 번, 심지어 천 번의 기회를 얻을 가치가 있어요."

무언가를 할 필요가 없는 사람이 그 일을 하는 이유를 설명하기는 어렵다. 하지만 마음속으로는 깊게 느끼고 있다. 또한 완벽하게 포장된 삶을 보여주는 소셜 미디어를 보며 나만 내 인생이 없는 것 같다는 생각을 떨쳐내기도 어렵다. 어쩌면 겉으로 보이는 것처럼 실제로 좋은 삶을 사는 사람도 있을 것이다. 하지만 내가 대학 졸업생이나 석사 과정을 밟는 비즈니스 전문가, 작가, CEO와 일해 본 경험으로는, 대부분의 사람은 그렇지 않다.

당시에 내 커리어는 약간의 성공을 거두고 있었지만, 개인적으로는 아주 힘든 시기였다. 재정적으로 큰 손해를 본 후 몇 년 뒤

첫아이가 태어났다. 새로운 나라에서 유의미한 경력을 쌓기 위해 노력하고 있었지만, 이 일로 먹고살 수 있을지 겁이 났다. 그리고 그때 코너가 나에게 모험을 걸었다. 그는 나의 실수가 아니라 나의 인격을 보았다. 그는 다른 사람은 보지 못한, 심지어 나조차도 보지 못한 내 안의 잠재력과 가능성을 보았다. 코너는 나를 같은 눈높이로 끌어주는 동시에 지속적인 도움을 주며 나를 북돋아주었다. 몇 년 동안 그는 나에게 좋은 사람이 되었고 의미 있는 삶을 사는 법에 대해 많은 가르침을 주었다. 하지만 그중에서 가장 중요한 건 다른 사람의 손을 잡고 함께 정상을 오르는 것이었다.

뒤를 돌아보는 사람이 돼라

많은 사람은 자기보다 더 앞서간 사람들과 가까워지고 싶어 한다. 높은 위치에 있는 사람들과 친분을 쌓기 위해. 그리고 그들을 스승으로 삼기 위해. 그렇다고 해서 그런 기회나 관계를 절대 찾아다니지 말라고 말하는 건 아니다. 나보다 높은 곳에 있는 사람들과 가까워지는 건 우리의 수준을 높일 수 있는 확실한 방법이다. 내가 코너에게 먼저 손을 내밀지 않았다면 이를 절대 깨닫지 못했을 것이다.

하지만 영향력을 행사하고 싶다고 해서 사회가 정의하는 영향력 있는 사람이 될 필요는 없다. 그리고 자기의 발언에 힘을 싣기 위해 사회가 정의하는 권력의 자리에 앉을 필요도 없다. 당신 주위의 잠재력 있는 사람들을 주시하라. 가능성이 있는 사람들, 노력하고 있는 사람들.

누군가에게서 가능성을 보았다면, 앞으로도 열심히 하라는 응원의 말 한마디 남기는 건 어떨까? 만약 가능성이 보이는 사람을 만났고, 당신이 그 분야에서 조금이라도 앞서 있다면 좋은 아이디어를 나누자고 먼저 연락하는 건 어떨까? 당신이 경험해 본 분야에서 어떤 사람이 고군분투하고 있다면 그에게 전화를 걸어 두 사람의 이야기가 만나면 어떤 일이 벌어질지 알아보는 건 어떨까?

아주 조금의 시간만 투자해도 된다. 메시지 보내는 데 2분, 통화하는 데 3분이면 된다. 어쩌면 코너가 나에게 그랬던 것처럼 당신의 말과 행동이 그들에게 큰 영향을 끼칠 수도 있다. 그것이 바로 말의 아름다움이다. 그것이 바로 말의 힘이다. 당신이 말 한마디가 누군가를 어디로 데려갈지 알 수 없다.

친절한 댓글을 달아보자. 그 사람에게 꼭 필요할 만한 메시지를 보내자. 잠깐 시간을 내서 새로 온 직원에게 밥 한 끼 하자고 물어보자. 이런 노력이 큰 결과를 내지 못할 수도 있다. 하지만 누군가에게는 모든 걸 쏟아붓는 전환점이 될 수도 있다. 그리고 자기를 키워준 사람이 누구냐는 질문에 당신을 회상하며 당신의 이름을 말할지도 모른다.

유명해지고 싶다면 다른 사람이 어디로 가는지 보고 그 반대로 가라는 말이 있다. 많은 사람들이 앞만 보고, 자기의 목표나 할 일만 중시하고, 핸드폰만 쳐다보고 있을 때, 다른 사람은 보지 않는 곳을 볼 수 있는 사람이 되자. 주변 사람들의 가능성을 보자. 그들의 이야기를 발전시키기 위해 당신이 할 수 있는 일을 하자. 영향력 있는 사람이 되고 싶다면 눈앞에 있는 사람에게 관심을 쏟자.

여분의 담요를 챙기는 사람이 되자

코너의 영향을 받아 이 글귀를 내 원칙으로 삼았던 건 다른 어떤 것보다 내 경력에 큰 도움을 주었다. 작가로서 주목받기 시작했을 때 나는 항상 이 말을 마음에 새겨두었고, 글 하나를 올릴 때마다 교정의 법칙은 잘 모르지만 가능성이 보이는 친구들을 위해 최소 두 편씩 글을 교정해 주었다.

물론 시간이 꽤 걸리는 일이었고, 식구가 늘어나고 있는 상황에서 대가 없는 일을 하는 건 단기적인 수입에 타격을 주었다. 하지만 덕분에 배우는 속도가 굉장히 빨라졌다. 시간이 흘러 나는 '해결사'이자 '이야기를 잘 끌어내는 사람'이라는 역할로서 명성을 쌓으며 돈독한 우정과 무수한 기회를 얻었고 내 노력의 열 배를 돌려받았다. 그런 능력이 있을 거라고는 상상도 해본 적 없었지만 나에게 너무나 잘 맞는 역할이었다. 나는 나와 같은 가치관을 가진 사람들이 책을 쓸 수 있도록 도와주는 일이 너무 뿌듯하다. 또한 권력의 자리에 있는 사람이 말 더듬는 경험을 글로 풀어내는 사람에게 리더십과 커뮤니케이션에 관한 강의를 부탁한다는 게 신기하다. 게다가 지금은 사회에 영향력을 끼치고 세상에 좋은 일을 하는 사람들과 함께 일할 수 있다는 사실도 짜릿하다. 하지만 나에게 큰 의미가 있는 분야에 관심을 가지고 자진해서 돕지 않았다면 아마 어떤 기회도 얻지 못했을 것이다.

 내가 만난 모든 사람 중에서 가장 눈에 띄고 특별한 기억으로 남아 있는 한 사람이 있다. 내 친구 줄리 레인(Zulie Rane)의 유명한 유튜브 채널에서 어떻게 한 명의 독자였던 사람이 작가로 성장할 수 있었는지에 관한 인터뷰를 진행한 후에, 줄리는 젊은 남자가 남긴 멋진 댓글을 나에게 보내주었다. 그 댓글에는 내가 쓴 모든 글을 읽었으며 언젠가는 나처럼 글을 쓰고 싶다고 쓰여 있었다.

 그날 오후, 나는 조지 블루 켈리(George Blue Kelly)라는 이름을 검색했다. 그건 정말 탁월한 선택이었다. 그때 내 아이들은 학생 대부분이 아프리카계인 학교에 다니고 있었는데, 조지처럼 더 나은 삶을 위해 북아프리카 항구로 와서 뗏목을 타고 유럽으로 이주해 온 몇몇 부모들과 대화를 나눈 적이 있었다. 하지만 대체로 언어의 장벽 때문에 그들의 경험에 대해 더 배우고 싶었지만 깊은 대화를 나누지 못했다.

조지의 글에서 바로 그들의 이야기를 알 수 있었다. 리비아의 따뜻한 해안에서 한 발만 배 위에 올려놓은 채 그대로 몸이 굳어버렸다는 그의 표현은 나를 매료시켰다. 공포와 의구심, 그와 다른 많은 이들이 느꼈을 두려움. 결국 그는 아버지와 형을 잃은 후 목숨을 걸고 낯선 땅에서 성공해 내겠다고 다짐했다.

그의 글을 읽은 후, 케빈 켈리와 프레드 더스트, 킴 댑스, 데니스 영 스미스, 니클라스 괴케, 재닛 브로니, 코너 닐 등 수많은 좋은 사람들이 나에게 그랬던 것처럼 나도 조지의 가능성에 주목했다. 조지의 부드럽고 친절한 목소리와 그에 대비되는 크고 쩌렁쩌렁한 웃음소리를 듣자마자 우리는 평생 친구가 될 거라는 걸 알았다. 조지는 통찰력과 명확성이 부족했지만 우리는 같은 가치관을 공유했기에, 코너의 조언대로 나는 조지에 대해 더 자세히 파고들었다. 그는 더할 나위 없이 좋은 사람이었다. 우리는 바로 그 자리에서 조지가 뗏목에 오른 이후 얻게 된 깨달음에 대해 글을 쓰기로 약속했다. 많은 아프리카인이 '여정'이라고 부르는 그 선택에 대해서 말이다.

온 세상 사람들에게 권하고 싶은 글이 하나 있다면, 바로 이 글일 것이다. 완벽하진 않지만, 진실되고 날것 그대로의 글이다. 이 글은 자기 자신을 찾고 마침내 중요한 사람이 되고자 노력하는 과정에서 겪은 일과 내면의 고통을 이야기한다. 특히 이 글에는 다른 사람의 손을 잡고 함께 산을 오르고 싶다는 마음가짐을 완벽하게 보여주는 특별한 교훈이 있다.

나이지리아에서 리비아로 가는 길에 조지와 그의 친구인 에디는 또 다른 젊은 남성과 갓 스무 살이 된 세 명의 젊은 여성과 한 팀이 되었다. 유럽에 대한 꿈을 꾸던 이 여섯 명의 용감한 젊은이는 마치 가족처럼 서로에게 의지했고, 시간이 흐르면서 서로에게 기대고, 희망을 심어주고, 용기를 얻으면서 진짜 가족이 되었다.

여러분도 상상할 수 있듯 사하라 사막을 건너는 건 그리 즐거운 일이 아니다. 뗏목을 타고 유럽으로 향하는 사람들을 상상할 때 우리는 바다를 건너는 모습과 그 속에 담긴 잃어버린 꿈을 떠올린다. 하지만 조지는 사막이 가장 힘들었다고 말했다. 사막에는 지중해의 바다보다 주인을 알 수 없는 무덤이 더 많다고 했다. 사막은 에베레스트처럼 높은 모래 산을 사람으로 꽉 찬 도요타 하이럭스 뒤에 올라타 뒤집힐 듯한 위험 속에서 오르내리는 것만이 전부가 아니었다. 나약한 사람들을 노리며 어슬렁거리는 도둑, 강간범, 살인자를 피해 다녀야 했고, 날씨도 심각한 문제였다. 조지는 나이지리아인이다. 그래서 더위에는 익숙했다. 하지만 사하라 사막의 열기는 전혀 다른 수준이었고, 낮이 뜨거운 만큼 해가 지면 뼈가 시린 추위가 찾아왔다.

사막에서 보내는 첫날 밤, 어린 여자아이들이 밖에서 잠을 자려고 하자 남자들은 경고했다.

"그러면 안 돼! 그러다가 동사할 수도 있어."

설상가상으로 한 여자아이는 몸을 덮을 담요도 없었다. 하지만 세 번째 남자였던 폴이 여분으로 챙겨온 담요를 그녀에게 주었다.

　가끔 조지는 여정을 앞두고 짐을 싸던 폴이 가방의 공간을 내어주면서도 누군가를 따뜻하게 해줄 여분의 담요를 챙기는 모습을 상상한다고 한다. 나도 그 모습을 떠올리면 기분이 좋아졌고, 조지가 그 상상 속 이미지에서 영감을 얻는다는 것도 좋았다.

　나를 응원해 주기 위해 시간을 쪼개 조지의 댓글을 공유한 줄리, 그리고 한 가족이 되었던 조지와 에디, 폴, 그리고 세 명의 젊은 여성까지, 이 이야기 속 모든 인물에게서 우리는 뒤를 돌아보는 사람의 모습을 볼 수 있다. 이들은 모든 여정을 잊지 못할 순간으로 만들기 위해서는 서로의 손을 잡고 함께 산을 올라야 한다는 걸 깨달은 사람들이다.

가장 영향력 있는 사상가는 친절한 사람이다

나는 전 세계의 사람들을 만나고, 가르치고, 그들과 일하는 특권을 누렸다. 나는 여전히 수줍음 많은 사람이다. 때로는 말을 더듬는다. 아직도 첫 수업을 할 때, 전화를 걸어야 할 때, 내가 쓴 글을 게시할 때마다 긴장하는 건 말할 것도 없다. 하지만 내가 세상에 나를 드러낸 이유는 사람을 끝없는 매력이 있는 존재로 본다면 지루한 삶을 살기가 불가능하기 때문이다.

사람을 경외하라. 호기심을 갖되, 섣부르게 판단하지 말자. 자기 자신 외의 것을 생각하고 다른 사람이 어떤 일을 겪고 있는지 꾸준히 관심을 두자. 고개를 들어 뒤를 돌아보자. 누군가가 더 많은 걸 이루도록 도울 수 있다면 먼저 손을 내미는 사람이 되자. 과거의 경험으로 배운 깨달음을 나누어주고 다른 사람들이 현재를 잘 살아가고 미래를 잘 그려갈 수 있게 돕자.

이러한 삶을 살기로 결심하고 행동에 옮기는 건 사교적이거나 수줍고, 카리스마가 넘치거나 내성적인 것과는 아무 상관이 없다. 이러한 자질은 우리 모두가 선택할 수 있는 부분이다. 물론, 자신의 목표에 집착하면 '목적지'에 더 빨리 도달할 수도 있다. 하지만 많은 사람이 간과하는 건 인생은 길고 결국 우리가 소중하게 지키는 건 그 여정에서 만난 사람들이라는 것이다. 내 친구이자 《창의적 활동(Creative Doing)》의 저자인 허버트 루이(Herbert Lui)는 이런 말을 했다.

"가끔은 먼 길로 돌아가는 것이 가장 좋은 선택일 때도 있다."

그리고 시간을 내서 다른 사람을 도와주면서 다른 이의 도움에 마음을 여는 것만큼 가치 있고 충만한 '먼 길'은 없다.

나는 내가 지금까지 이뤄온 성과가 자랑스럽다. 나는 앞으로 많은 사람들이 찾는 강연자가 되거나 어딜 가나 모두의 시선을 받아도, 말을 더듬지 않고 "마마, 마이클이 메메, 메릴랜드에서 모모, 모기지 대출을 파는 일을 한다"를 말하지 못할 것이다. 하지만 그래도 괜찮다. 내가 지금까지 이뤄온 내 인생과 경력은 관계 맺기에 최적화되어 있으며, 선한 마음으로 갈고닦아 온 이 기술을 최선을 다해 사용하고 있다.

하지만 주변 사람들이 없었다면 그 어떤 것도 가능하지 않았을 것이다. 연기를 걷어내고 나면 남는 건 그들뿐이다. 인생의 행복은 사람 간의 관계에서 오는 행복이 직접적으로 좌우한다. 모든 사람과 연결되어야 한다는 의미는 아니다. 때로는 가장 작은 부족이 가장 큰 소리를 낸다. 하지만 다른 사람에게 호기심을 갖고 그들과 잘 어울리는 방법을 찾기 위해 부단히 노력해야 한다. **새로운 것을 만들기 위한 가장 빠른 방법은 두 사람의 다양한 경험이 모이는 것이기 때문이다.**

인생이란 당신의 앞뒤, 그리고 좌우에 있는 사람에게 귀를 기울이고 그들에게서 배우는 것이다. 다른 사람의 경험과 그들이 세상을 보는 시선을 이해하려고 해야 한다. 그들을 위해 옆에 있어주고 그들이 당신을 도울 수 있게 용기를 주고, 언제 어떻게든 보답할 수 있게 노력해야 한다.

의미 있는 경력은 다른 사람들에게 의미 있는 순간을 만들어줄 때 생긴다. 대체할 수 없는 사람이 되는 방법이기도 하다. 이는 다양한 모양과 크기로 나타난다. 어떤 사람은 목소리를 높이는 방법을 선택한다. 하지만 각자 자기에게 맞는 방법에 집중하자. 꾸준히 베푸는 사람이 되면 조용히 눈에 띌 수 있다. 그리고 다른 사람에게서 최고의 모습을 기대하자. 가장 영향력 있는 사상가는 무엇보다도 친절한 사람이다.

시간이 흘러 내가 마침내 이 사실을 깨달았을 때, 우주는 나에게 열 배로 갚아주며 내 강점을 찾도록 도와주고 내가 알고 있는 약점은 단지 생각뿐이라는 걸 보여주었다. 그 과정에서 나는 킴 댑스의 말이 맞았다는 사실을 깨달았다. 힘을 얻으려는 유일한 목적은 다른 사람과 그 힘을 나누기 위함이다.

한 번에 한 사람.

한 번에 한 대화.

한 번에 한 이야기.

가장 귀중한 사람은 다른 사람이 무엇을 귀중하게 여기는지 이해하기 위해 시간을 할애한다. 다른 사람의 이야기를 배우는 건 자기의 이야기를 더 잘 쓸 수 있는 가장 좋은 방법이다. 영향력을 행사하기 위해 사교적이거나 목소리가 클 필요가 없다. 그저 상대에게 호기심을 갖고 깊이 공감하며, 친절한 사람이 가장 멋지다는 걸 이해하면 된다. 그리고 당신의 수줍은 성격에 관심을 두고 이를 포용한다면, 단 몇 마디 말로도 해낼 수 있다.

마지막
조언

관심을
쏟아라.

감사의 말

"좋은 점을 기억하렴!"

내가 힘든 시기를 겪고 있던 어느 날, 어머니가 해주신 지혜로운 말이다. 어머니의 조언을 잘 실행하기까지는 몇 년이 걸렸다. 하지만 이 책을 쓰고 나서야 이 말을 정말로 몸에 새겼다는 생각이 들었다. 그 이유는 지난 아홉 달 동안 매일 몇 시간씩 자리에 앉아 내 인생을 돌아보고서야 얼마나 많은 사람들이 이 여정을 도와주었는지 깨달았기 때문이다. 이 책에 언급한 사람부터 그러지 못한 수없이 많은 사람에게 감사의 포옹을 보낸다. 돌이켜보니 이 책은 나를 믿을 용기를 내기까지 나에게 기대를 걸어준 사람들의 결과물이었다. 앞으로도 그들의 관대함을 갚아나갈 것이다.

나의 아내 라이아가 없었다면 그 어떤 것도 가능하지

못했을 것이다. 우리가 가정을 이루고 얼마 지나지 않아 집세를 겨우 버는 상황인데도 아내에게 일을 줄이고 글을 더 써도 되겠냐고 물어보았다. 아내의 대답은 "좋아!"였다. 정말 고맙다, 사랑스러운 아내. 당신이 나에게 준 최고의 선물은 매일 아침 일어나 다른 누구도 아닌 나로 살 수 있게 해준 것이다. 루크와 리암에게 당신 같은 인생의 길잡이가 있다는 게 너무 행복하고, 매일 밤 당신의 머리맡에 물 한 컵을 가득 채워놓겠다고 약속한다.

아침 이야기가 나왔으니 이야기하자면, 매일매일 극한까지 놀기를 조르는 루크와 리암에게도 감사를 전한다. 이른 아침부터 "아직 해가 안 떴나?"를 신나게 외치는 너희 둘은 신이 주신 선물이다. 너희를 보며 내가 원하는 것을 꼭 이루겠다는 다짐을 되새긴다.

나를 위해 많은 일을 해준 에이전트 마이클 크림과 현명한 조언과 기회를 준 로우맨 앤 리틀필드 출판사에 감사를 전한다. 책 집필을 도와준 나의 편집자 벤저민 슬레지, 내 글의 수준을 끌어올려준 스티븐 무어와 니클라스 괴케, 알란 트라풀리오니스, 노바 리차드, 류바 골로비나에게 감사를 전한다. 서점 책장에서 내 책을 꺼내는 아이들의 모습을 현실로 만들어준 데 끝없는 감사를 전한다.

마지막으로 어머니와 아버지, 나의 형제 그레그와 스티브에게 아끼는 사람들을 절대 포기하지 말라는, 어쩌면 인생 최고의 교훈을 가르쳐준 것에 감사를 전한다.

당신들은 모두 꿈의 창조자다.

주석

원칙 1

1. 바네사 반 에드워즈, 《캣치: 마음을 훔치는 기술》(원제 Captivate: The Science of Succeeding with People)》, 쌤앤파커스, 2018년

2. 세레니티 기번스(Serenity Gibbons), 〈7초 안에 첫인상이 결정된다: 성공하기 위한 비법(You and Your Business Have 7 Seconds to Make a First Impression: Here's How to Succeed)〉, Forbes, 2018년 6월 19일

3. 에이미 커디(Amy Cuddy), "보디랭기지가 당신을 바꿀 수 있다(Your Body Language May Shape Who You Are)", 2012년 6월 TED 글로벌, 에든버러 스코틀랜드, https://www.ted.com/talks/amy_cuddy_your_body_language_may_shape_who_you_are

4. 로빈 드리케, 《It's Not All about "Me"》, 2011년

원칙 2

1. 잭 젱거(Jack Zenger)와 조셉 포크먼(Joseph Folkman), 〈훌륭한 경청자가 실제로 하는 행동〉, Harvard Business Review, 2016년 7월 14일, https://hbr.org/2016/07/what-great-listeners-actually-do

원칙 3

1. 〈테드 래소〉 시즌 1의 8번째 에피소드 '다이아몬드 도그스' 중. 제이슨 수데이키스, 빌 로렌스, 브랜든 헌트, 조 켈리가 기획하고 2020년 9월 18일 애플 TV에서 방영됨.

2. 배리 다브렛, 〈신중하게 판단하는 방법(How to Judge People Thoughtfully)〉, Medium, 2022년 8월 7일.

   https://barry-davret.medium.com/how-to-judge-people-thoughtfully-c4d701fcc224

3. 배리 다브렛, 〈아주 적게 말하면서도 상대가 특별한 기분을 느끼게 하는 방법(How to Make Someone Feel Extraordinary by Saying Very Little)〉, Forge on Medium, 2020년 1월, https://forge.medium.com/how-to-make-someone-feel-extraordinary-by-saying-very-little-887811246bae

원칙 5

1. 셰인 스노우, 〈1,000통의 콜드 이메일을 보낸 후 알게 된 사실(What We've Learned from Sending 1,000 Cold Emails)〉, Fast Company, 2014년 10월 7일, https://www.fastcompany.com/3036672/what-we-learned-from-sending-1000-cold-emails

원칙 6

1. 매튜 D. 리버먼, 《사회적 뇌: 인류 성공의 비밀(Social: Why Our Brains Are Wired to Connect)》, 시공사, 2015년.

2. 미국 공중보건국장, "외로움과 고립의 전염: 사회적 연결과 공동체에서 치유 효과를 얻기 위한 미국 외과의사의 조언(Our Epidemic of Loneliness and Isolation: The U.S. Surgeon General's Advisory on the Healing Effects of Social Connection and Community)", 미국 보건복지부 공중보건국 국장, 2023년

3. 셰리 터클, 《외로워지는 사람들: 테크놀로지가 인간관계를 조정한다(Alone Together: Why We Expect More from Technology and Less from Each Other)》, 청림출판,

2012년

4. 마이크 니자(Mike Nizza), 〈과학자가 입증한 절친 만들기의 간단한 전략(A Simple B.F.F. Strategy, Confirmed by Scientists)〉, New York Times, 2008년 4월 8일, https://archive.nytimes.com/thelede.blogs.nytimes.com/2008/04/22/a-simple-bff-strategy-confirmed-by-scientists

5. 그레첸 루빈, "더 많은 대화를 나눌수록 할 말이 더 많아진다(The More We Talk to Someone, the More We Have to Say)", 팟캐스트 Happier, 2020년 8월 10일, https://gretchenrubin.com/podcast/little-happier-the-more-we-talk-the-more-we-have-to-say/

원칙 7

1. "던바의 수: 사회적 관계를 맺을 수 있는 최대치는 왜 150명일까?(Dunbar's Number: Why We Can Only Maintain 150 Relationships)", BBC, Accessed 2023년 6월 1일, https://www.bbc.com/future/article/20191001-dunbars-number-why-we-can-only-maintain-150-relationships

2. 제니 그로스(Jenny Gross), 〈Can You Have More Than 150 Friends?〉, New York Times, 2021년 5월 11일, https://www.nytimes.com/2021/05/11/science/dunbars-number-debunked.html

원칙 8

1. 마크 그라노베터(Mark S. Granovetter), 〈The Strength of Weak Ties〉, American Journal of Sociology 78, no. 6, 1973년 5월년

2. 캐슬린 웡(Kathleen Wong), 〈링크드인, 취업 성공률을 조사하기 위해 수년간 2,000만 명의 사용자를 대상으로 비밀리에 사회적 실험을 하다(LinkedIn Ran Undisclosed Social Experiments on 20 Million Users for Years to Study Job Success)〉, USA Today, https://eu.usatoday.com/story/money/2022/09/25/linkedin-ran-secret-social-experiment-on-20-million-users/8115007001/

3. 조지 앤더스, "약한 유대를 이용해 직업 구하기: 거대한 연구에 의해 밝혀진 사실 (Using 'Weak Ties' to Aid Your Job Hunt: What a Giant Study Can Teach Us)", LinkedIn, 2022년 9월 15일, https://www.linkedin.com/pulse/using-weak-ties-aid-your-job-hunt-what-giant-study-can-george-anders/

4. 브리애나 니커(Brieanna Nicker), 〈반향실, 토끼 굴, 그리고 이념 편향: 유튜브는 어떻게 사용자에게 콘텐츠를 추천하는가(Echo Chambers, Rabbit Holes, and Ideological Bias: How YouTube Recommends Content to Real Users)〉, Brookings Institution, 2022년 10월 13일, https://www.brookings.edu/articles/echo-chambers-rabbit-holes-and-ideological-bias-how-youtube-recommends-content-to-real-users/

원칙 9

1. 조나단 마크스(Jonathan Marks), "단어의 어원과 활용: Duce와 Duct(Word Roots and Routes: Duce, Duct)", Macmillan Dictionary Blog, 2014년

2. 콜린 데 벨레퐁즈(Colleen De Bellefonds), "왜 마이클 펠프스의 신체는 수영선수로서 완벽할까(Why Michael Phelps Has the Perfect Body for Swimming)", Biography, 2020년 5월 14일, https://www.biography.com/athletes/michael-phelp-perfect-body-swimming

원칙 11

1. 재닛 브로니(Jeanette Bronée), 《The Self-Care Mindset: Rethinking How We Change and Grow, Harness Well-Being, and Reclaim Work-Life Quality》, Wiley, 2022년